L'ÉPIGAMIE

DES BRIGANDS,

OU

LA LATROMANIE.

SATYRE

APOLOGÉTIQU'-ANTITHÉTIQUE
DE LA RÉBELLION
DITE

RÉVOLUTION DE FRANCE,

Par un Soldat nitiobrige;
Fidèle en ses écrits et que l'honneur dirige;
Adorateur d'un Dieu, zèlateur de sa loi,
Amant de la patrie et l'ami de son roi.

. . . . *Sidera terrâ*
Ut distant & flamma mari, sic utile recto.

Lucan. *Phars.*

Ce qu'est la nuit au jour, et le ciel à la terre,
Ce qu'est le bien au mal, et la paix à la guerre,
La colombe au vautour et le loup a l'agneau;
Louis est à *Philippe*, à *Neckre*, à *Mirabeau.*

———

A COBLENTZ,

M. DCC. XCII.

AVERTISSEMENT.

LA Satyre que nous venons offrir au public a été faite, ou en très-grande partie, immédiatement après les scènes d'horreur qui ont précédé & suivi de bien près l'époque funeste du 5 & du 6 octobre 1789, & comme on n'aura point de peine à le croire dans un de ces mouvemens d'indignation dont on ne peut guere se défendre lorsque le cœur agitté, froissé, déchiré cherche à s'exhaler à tous les objets qui l'environnent : alors le dépit tient lieu de génie, & le besoin d'écrire devient si pressant qu'oubliant même ceux de premiere nécessité imposés par la nature, on se livre tout entier à la fureur de retracer ces sentimens doulonreux & involontaires que la perversité de certains hommes ne fait que trop imprimer dans notre ame en dépit de nous-mêmes.

Si natura negat, facit indignatio versum
Qualemcumque potest. . . . . . . ,

Des raisons que l'on devinera aisément, sans doute, en ont d'abord empêché la publicité, & ce n'est que d'après les conseils d'un grand nombre de personnes qui avoient connoissance de cet ouvrage & qui ont toujours été au courant des événemens les plus remarquables de la révolntion, que nous nous sommes déterminés à n'y rien changer & à le donner au public selon le mode & dans l'ordre des tems & des circonstances dans lesquels il a été fait, en donnant néanmoins à beaucoup d'articles l'extension dont les événemens subséquens ont dû les rendre susceptibles.

Le poëme antithétique qui suit immédiatement la préface peut être considéré comme le cadre de l'ouvrage dans lequel se trouvent désignés les principaux objets qui ont été le plus en évidence pendant les horribles crises de la révolution ; il est composé de maniere qu'il peut leur servir de table, ainsi qu'aux différentes matieres qu'on y traite & qui peuvent y avoir quelque rapport.

Ce qui pourra paraître encore un peu extraordinaire, peut-être même parfaitement neuf à notre lecteur, c'est que les deux premiers & les deux derniers vers de ce poëme, pris ensemble, en expriment completement le sens, & qu'étant même scrupuleusement soumis aux regles adoptées pour la rime, ils servent d'épigraphe à l'ouvrage ; ils indiquent en outre, & toujours par antithèse, l'épiphanie des quatre ou au moins des trois plus puissans rois de la révolution dans les plus beaux jours de sa splendeur, car on jugera aisement celui des quatre qui a eu la moindre influence dans le grand œuvre.

Quant au mode auquel il paraît que nous avons asservi notre ouvrage, c'est moins pour le plaisir de faire des vers émaillés d'antithèses, pour nous servir de l'expression d'un grand poéte, que pour faire une imitation des opérations ſublimes de nos régénérateurs que nous avons fait un poëme purement antithétique, & que nous avons aſſujetti à ce même mode le plan général de cet ouvrage : en effet, tout eſt violation, contemption, & ſur-tout contradiction dans la multiplicité des lois émiſes par nos grands légiſlaeeurs, & Voltaire a eu doublement raiſon de dire que ſi dans les affaires & dans les hommes quelque ſociété littéraire vouloit entreprendre le dictionnaire des contradictions, il ſouſcrirait pour vingt volumes in-folio.

Ce fut toujours un problême pour bien des gens, ſi la vérité ne peut pas nuire. La vérité ne ſauroit nuire qu'à ceux qui trompent les hommes, ceux-ci ont le plus grand intérêt à être détrompés, ainſi la vérité peut bien nuire à celui qui l'annonce ; mais il eſt hors de doute qu'elle eſt toujours profitable au genre humain ; d'où je conclus que pour ſervir utilement les hommes, il faut avoir le courage de leur déplaire : l'on ne feroit jamais du bien, ſi l'on craignoit toujours de faire des ingrats. Ecoutez à ce ſujet une ſublime maxime de Voltaire, car une de celles que nous pratiquons le plus ſcrupuleuſement, c'eſt de rendre juſtice même au diable quand il a raiſon.

» Répandez vos bienfaits avec magnificence,
» Même aux moins vertueux ne les refuſez pas ;
» Ne vous informez pas de leur reconnoiſſance,
» Il eſt grand, il eſt beau de faire des ingrats.

Il eſt donc du devoir de tout écrivain honnête, ſur-tout s'il eſt bon citoyen, de conſtater dans ses écrits les vertus & les vices, les talens & les défauts des hommes qui ont le plus contribué à la splendeur ou à la destruction des empires. Il faut que tout homme qui écrit se fasse une loi la plus sacrée de défendre la vertu calomniée, & qu'avec le même courage & la même partialité il note d'infamie le front audacieux des coupables effrontés, des vils intrigans, des fourbes & des hypocrites insidieux, des traîtres, des factieux, des lâches ambitieux, des opresseurs puissans, & enfin des prévaricateurs en tous genres.

Nous ne connaissons aucune loi qui puisse défendre à l'homme de bien qui n'est ni le flatteur ni l'esclave de personne de dénoncer au genre humain ces êtres pervers, de les dépouiller sans pitié de leur faux éclat, & de restituer à la vertu qu'ils persécutent son empire & ses droits.

Telles ont été nos intentions, & pour pouvoir les remplir avec cette énergie qu'exige, que mérite même l'importance d'un pareil sujet & qui détermine toujours le succès d'un ouvrage, nous nous faisons gloire d'avouer que nous avons d'abord fait les plus grands efforts sur nous-mêmes, que nous avons ensuite mis à contribution tous les ouvrages de littérature qui nous ont paru les plus propres à remplir notre objet, & qu'enfin nous nous sommes approprié, non-seulement les tournures & les pensées, mais les propres expressions & les maximes tant en vers qu'en prose, des plus grands hommes anciens & modernes : heureux encore si par l'application que nos faibles talens nous ont permis d'en faire, nous sommes parvenus à inspirer l'horreur du vice & l'amour de la vertu.

La France est un theatre où tout tragique acteur
Joue avec Melpomene un rolle de fureur ;
Le vice, sur la Scène est en habit de guerre,
Jouant le Citoyen, même au fond du Cercueil
Et la vertu vetue en deuil
Ecoute la piece au parterre.

SATYRE

APOLOGÉTIQU'ANTITHETIQUE

DE

LA REBELLION,

DITE

RÉVOLUTION DE FRANCE.

Eſt Deus in nobis, agitante caleſcimus illo,
Impetus hic ſacræ ſemina mentis habet.
OVID. Faſt. l. 6.

Par un SOLDAT NITIOBRIGE.

Adorateur d'un dieu, zélateur de la loi,
Amant de ſa patrie & l'ami de ſon Roi.

A COBLENTZ

1 7 9 2.

Ce qu'eft la nuit au jour, & le ciel à la terre
Ce qu'eft le bien au mal & la paix à la guerre,
La colombe au vautour , & le loup à l'agneau;
Louis eft à Philippe, à Neckre , à Mirabeau,

PRÉFACE.

Quidquid agunt homines, votum, timor, ira, voluptas,
Gaudia, discursus, nostri est farrago libelli.
JUVENAL

STANCES.

Les objets d'étrange mesure
Sont rarés parmi les humains,
Et l'on trouve dans la nature
Peu de géans & peu de nains.

Bien peu de beautés comme Helène,
Peu de freres comme Castor,
Peu d'ivrognes comme Sylène,
Peu de sages comme Nestor.

Bien peu de chiens comme Cerbère,
Peu de fleuves comme Achéron,
Peu de femmes comme Mégère,
Peu de nochers comme Caron.

Rien comme la fraîcheur d'Aminthe,
Rien de si clair que le soleil,
Rien de plus amer que l'absynthe,
Rien de plus doux que le sommeil.

Peu de bruits comme le tonnerre,
Peu de monts comme Pélion,
Et peu d'animaux sur la terre
Sont aussi fiers que le lion.

Peu de monstres comme Philippe ;
Pen d'ingrats comme les Lameth,
Les Noaille &....gens de même type ;
Et peu plus dignes du gibet.

Point de fourbe , poin d'hypocrite ;
Comme ce chef des proteſtans ,
Et Neckre invoque par ſa fuite
Cet adage du bon vieux tems. (1)

De Bailly la ſcélérateſſe ,
AUJOURD'HUI paſſe la raiſon ;
HIER , aux ſages de la Grèce ;
On eût aſſocié ſon nom.

Point d'impoſteur , point de perfide ;
Comme le factieux Mottié ; (2)
Dans maint complot de régicide ,
On ſait bien qu'il fut de moitié.

Peu de féroces caractères
Parmi les tigres & les ours ;
Sont plus cruels , plus ſanguinaires ;
Qu'un Barnave l'eſt de nos jours.

Point de Judas-Iſcariote ,
Plus apoſtat , plus franc vaurien ;
Qu'un Grégoire à tête idiote ,
Et qu'un d'Autun anti-chrétien.

---

(1) *Fatetur facinus is qui judicium fugit.*
Qui craint d'être jugé fait l'avœu de ſon crime.
(2) C'eſt le vrai nom de M. de La Fayette.

Point de brave légionaire
Qui n'appliquât son poing fermé
Sur la poitrine cruci-fère
D'un Crancé vil & diffamé.

Dans la classe prétorienne,
On est pour la Roche-foucauld :
Soit, pour la roche (Tarpeïenne ;)
Moi, je ne suis que pour Foucaud.

Couverts d'opprobre & d'infamie,
Voués à l'éxécration ;
Peu le furent plus en leur vie,
Qu'Alquier, Chabroud & d'Aiguillon.

Point de valet, j'ajoute en outre,
D'écurie ou de basse-cour,
Qui soit plus lâche, plus jean-f...;
Et plus gueusas qu'un Liancour. (3)

Peu de scélérats, par leur crimes,
Ont approché de Mirabeau,
Ont immolé plus de victimes,
Et sont plus dignes du Bourreau.

Peu de mortels pendant leur vie,
Ont inspiré plus de mépris,

---

(3) Cette stance n'a été placée ici qu'à la sollicitation
du *très-vénérable* pere Duchêne, qui nous l'a expresse-
ment recommandée en nous en garantissant l'authenticité.

Peu voudroient en fa compagnie
Se trouver même en paradis.

Quel eft ce nom hétéroclite, (4)
Par la rime à jamais profcrit?
C'eft un Mathan, un hypocrite,
Vrai précurfeur de l'ante-chrift.

Point d'intrigant, de parafite,
De bas valet, d'Ardelion,
Comme un Dumas dans fa conduite;
Avec nos modernes Solon.

Peu de généraux dans le monde,
Après le héros d'Oueffan,
Ont le cœur plus vil, plus immonde;
Que le reptile Kellerman.

Peu de révolutionnaires
Comme un fcélérat Gouvion:
Peu d'écumeurs, peu de corfaires
Comme un Laclos, un Doraifon.

Peu de fous, peu d'énergumènes,
Peu d'enragés comme Fauchet,
Qu'on le faigné des quatre veines,
Ou qu'on l'enchaîne avec Gobet.

Peu de guerriers, en gens d'élite,
Pour défendre la nation,
Plus braves que Royal-Pituite,
Et plus fiers que Caca-Bonbon.

____

(4) Sieyes.

Peu de Tabarins de l'audace
Des Berquin, Le Miere & Champfort;
Mais un Harpula les furpaffe,
Il eft plus impudent encor.

Peu d'hiftrions académiques,
Hurleurs, racleurs & *Cætera*;
Plus orgueilleux & plus bouriques,
Que les gredins de l'Opéra.

Peu d'infectes comme Prudhomme,
Pour l'activité du venin,
Et peu d'incendiaires comme
Le falamandre Pierre-Audouin.

Dans un débordement de bile
Qui fluoit par haut & par bas;
Pluton dégobilla Camille,
Et chia Briffot & Gorfas. (5)

Peu de femmes depuis Mégère
Mieux que la Robert ont décrit
Et pratiqué par caractère
Furens quid fœmina poffit. (6)

Les ferpens que cette Gorgone
Careffe, ou nourrit dans fon cœur;

---

(5) Oh! pour le coup, c'eft tout de bon que nous
avons penfé nous brouiller avec le pere Duchêne; nous
avons eu beau lui repréfenter que cette ftance étoit af-
faifonnée de termes trop bas & trop indécens, il a
toujours perfifté à nous affurer que les perfonnages qu'ils
défignoient l'étoient encore bien d'avantage.

(6) Mde. Robert auteur du Mercure national, pro-
duction Tifyphon-Alecto-Mégèrienne.

C'eſt pour les lancer ſur le trône,
Dans les accés de ſa fureur.

Suppurant la démagogie,
Picot-Dondon, la d'Aiguillon,
Et la Châtre leur bonne amie,
Inoculent la nation.

De tous les peuples de la France,
Ou plutôt de tout l'univers,
Les Phocéens de la Provence
Furent toujours les plus pervers.

Le plus fier monſtre qu'ait vu naître
Ce peuple en exécration,
Il le déſigne exprès pour être
Le Typhon de ſa nation.

Que ne nous donnois-tu ta peſte,
Peuple barbare , oui, ce fléau
Nous eut été bien moins funeſte,
Que l'exécrable Mirabeau.

Bouche, moins zélé patriote,
Qu'ardent chef des uſurpateurs,
Eut ſeul compoſé l'antidote
Du vinaigre aux quatre-voleurs.

De tous les clubs, la concordance
Eſt que, Paris, en ſubſtantif,
Prend tous les brigands de la France,
En *nombre , en cas* , pour adjectif.

On vit dans le ſénat d'Athènes
Un ſcélérat Pacuvius ;

Chez nous , on en voit par douzaines
Sans compter le treifieme en fus.

Peu de gens d'efprit auffi bêtes ,
Que nos Solons illuminés ;
Ces lynx , dans toutes leurs conquêtes
N'ont pas vu plus loin que leur nez.

La Grèce n'eût qu'un feul Homère ,
Rome un Virgile , un Ciceron :
L'univers n'eût qu'un feul Voltaire ,
Qu'il remplit feul de fon grand nom.

Peu de rois eûrent la fageffe
Que Louis XVI a dans fon cœur ,
Mais elle eft fœur de la faibleffe ,
Et fœur cadette par malheur.

Briffac , des amis le modèle ,
Près de fon bon roi détrôné ,
Eft un autre Achate fidéle
A fon Enée infortuné. (7)

Quelle princeffe eût en partage ,
La bienfaifance , la bonté ,
La grandeur d'ame , le courage
Qu'Antoinette a toujours montré.

Parmi les empereurs auguftes
Qui regnerent depuis Titus,
Peu furent plus grands & plus juftes
Que Léopold par fes vertus.

____

(7) *Ille fuo Æneæ fidus remanebit Achates.*

Peu de héros auront la gloire
D'être fideles à leur roi,
Et de figurer dans l'hiftoire
Comme Ambly, la Queuille & Paroi,

Qui, comme un la Galiffonierie,
A bon droit écrivain charmant,
Porte un nom plus craint à la guerre,
Sur l'un & fur l'autre élément.

Fier, courageux, grand, magnanime,
Soldat, citoyen, orateur :
On craint Cazalès, on l'eftime,
Il triomphe, & n'eft point vainqueur,

Peu d'orateurs, pour l'éloquence,
Comparables au grand Mauri,
Peu de Gauthiers pour l'élégance,
Du vrai *ridiculum acri.*

On fait avec quelle énergie,
Royou, Mallet & de Rofoi,
Combattent l'atroce furie,
Des plus fiers ennemis du roi.

On les a vus braver l'orage,
Et du fein même des volcans,
Faire éclater leur grand courage,
Et leurs civiques fentimens.

Embrafés du feu du génie,
Leurs écrits brûlans, immortels,
Sont un hommage à la patrie
Et des hymnes pour fes autels.

Enfin c'eft leur talent fublime,
Et leur courage foutenu,
Qui feront fuccéder au crime,
Le beau regne de la vertu.

Le plus grand homme de la France,
Le fage, l'immortel Raynal,
Vient d'être taxé de démence,
Par l'aréopage infernal.

Qu'à donc fait à ces Thélofages,
L'homme qu'admire l'univers ?
Il a réfufé des hommages,
A leurs décrets fots & pervers.

Bouillé, ce Bayard dont la France
S'honneroit à jufte raifon,
Füit cette terre de vengeance,
De feu, de fang, de trahifon.

Ce héros qu'Albion admire,
Par fes vertus, & fes hauts faits,
Eft la victime du délire,
D'un peuple nourri de forfaits;

Ce peuple, en tout pire au tartare,
Même au cannibale inhumain,
A Varennes fut fi barbare,
Qu'il mit aux fers fon fouverain.

Auffi, C'eft bien dans fa colere,
Que, pour le malheur des humains,
L'enfer vomit fur cette terre,
Guillaume, Drouet & Mangins.

Jadis, par un inftinct bifarre ;
Un peuple exécrait le foleil, (8)
Qui, pour cette horde barbare
Etoit fécond, pur & vermeil.

Depuis que la nobleffe en France
Eft mife en interdiction ,
Tous nos bourgeois en récompenfe,
Se font gens de condition.

Où court, du fond de nos provinces,
Cette jeuneffe avec fureur ?
Elle vole auprès de nos princes,
Avide de gloire & d'honneur.

Un décret de nos mandataires
A fupprimé tous les cordons :
Excepté ceux des reverbères,
Faits pour rehauffer leur grands noms?

L'amour, la haine, la vengcance,
L'avarice, l'ambition,
L'envie, enfin l'extravagance ;
Ont fait la révolution.

---

(8) Les Athlantes.

DE LA
RÉBELLION,

DITE

RÉVOLUTION DE FRANCE.

POËME ANTITHETIQUE.

Encore une, encore une, encore une, encore une.

Ce qu'eſt la nuit au jour ; Et le Ciel & à la terre ;
Ce qu'eſt le bien au mal, & la paix à la guerre.
Ce qu'eſt un doux zéphir aux autans furieux,
Ce qu'eſt le fort au foible, & le bel âge au vieux.
Ce qu'eſt une Laïs, à l'épouſe fidéle,
Ce qu'eſt en mélodie un âne à Philomèle.
Ce qu'eſt un philoſophe au Maire de Paris ;
L'un accablé d'eſtime & l'autre de mépris.
Ce que mon chien fidéle & d'un doux caractère
Eſt à l'aſpic cruel, au tigre, à la panthère.
Ce qu'eſt le faux au vrai, le vice à la vertu,

Le roi jufte au tyran, le vainqueur ou vaincu.
Ce qu'eft le peuple honnête au peuple qu'on abufe ;
Le fcélérat abfous au jufte qu'on accufe.
Ce qu'eft fur des brigands fatrapes de la mort,
Le général qui veille au général qui dort ;
Quand ces brigands fur-tout pour fouiller la couronne,
Faifaient jaillir le fang jufqu'au marches du trône.
Ce qu'eft le monftre horrible auteur de ces forfaits,
Au prince vertueux trahi par fes fujets.
Ce qu'un légiflateur que l'amour du bien guide,
Eft au légiflateur fufpect de parricide.
Ce qu'eft un bon foldat, efclave de fa foi,
Aimant Dieu, fon honneur, la patrie & fon roi ;
Au lâche déferteur qui, pour un vil falaire,
Trahit Dieu, fon honneur, la patrie & fon pere.
Diftinguons ces guerriers fameux dans les combats ;
Vertueux fédérés, intrépides foldats,
Fideles à leur Roi, chériffant la patrie ;
Tous prêts à les défendre au péril de leur vie ;
D'avec ces vils efcrocs, fouteneurs de b...els,
Ecumeurs, affaffins, & reconnus pour tels ;
N'ayant à l'ennemi montré que leurs derrieres ;
Ni fait couler de fang, que le fang de leurs freres ;
Par-tout vilipendés, & qu'on défigne enfin,
Sous les noms de *Pierrots* & de *Canards du Mein* ;
Termes facramentaux, forgés pour la légende,
Du fuperbe écuffon, frappé pour cette bande.
Ce qu'un premier valet, intendant de maifon,
Qu'on défigne encor mieux, par le nom de fripon,
Eft au maître trompé qui, plein de confiance,
A remis en fes mains & recette & dépenfe.

Ce qu'eſt le ſage auteur, dont les ſages écrits ,
Font des malheurs du tems, les fideles récits,
A ce plat impoſteur, dont la plate brochure,
Juſqu'au plat nom d'auteur, n'eſt que plate impoſture,
Bavant ſur ſes écrits le fiel & le venin ,
Quand ſur ſon ſot lecteur, pour mettre le grapin,
Il vante bêtement, en le trompant d'avance,
L'ouvrage *impartial* d'une hiſtoire de France.
» Tel, on voit un renard frapant au poulaillier,
» Diſant, ouvrez amis, il faut ſe dépouiller
» De tout reſſentiment de haine, de rancune,
» Et comme bons amis, faire cauſe commune.
Tel notre *impartial* ſingeant la vérité,
Blâme (par un motif *d'impartialité*)
Ce ſublime propos qu'une auguſte princeſſe
Semble avoir emprunté d'un ſage de la Grèce.
J'ai tout vu..... Je ſais tout...... Et j'ai tout oublié.....
Tu ſais, ami lecteur, tout ce qu'a publié,
D'un ſale Gadouard, la bouche méphitique,
Pour ternir un propos philoſo-poétique,
Reçu comme un adage, & que tout bon Français
Fait germer dans ſon cœur pour y vivre à jamais.
Ce qu'eſt pour le bonheur la tranquile Auſonie,
A ces climats fumans de meurtre & d'incendie :
Ce que ſes citoyens ſagement gouvernés,
Sont, à ces malheureux, à ces infortunés ,
Livrés au déſeſpoir, errans de ville en ville,
Le cœur plein des terreurs d'une guerre civile.
Ce qu'eſt à l'impudence une auſtere pudeur,
L'innocence timide au ſale deshonneur.
Ce qu'une femme honnête eſt dans mainte tribune ,

Aux *Théroigne*, aux *Dondon*, encore une, encore une,
Ce qu'eſt au Sanhédrin (1) un evêque d'Autun,
Un Tonnerre, un Lameth, encore un, encore un.
Un Chabroud, un Rabaud, & ſur-tout un Barnave,
Pour qui le ſang humain eſt d'un goût ſi ſuave :
Un Duport, un Treillard, un Bouche, un Chapelier.
Un Target, un Péthion, tous gens fous à lier ;
Mais que dis-je, à lier !.... Diſons plutôt à pendre,
A rouer, brûler vifs, faire voler leur cendre.
Un lâche Vignerot excrément des humains,
Un feu noir dans les yeux, un poignard dans les mains,
Sous le maſque hideux d'une ſale harpie,
Ecumant, dévoré d'une ardente pépie,
Cherche, pour aſſouvir ſa noire trahiſon,
Du plus illuſtre ſang l'horrible effuſion.
Un Dubois (2) pour flétrir nos bons légionnaires,
Dépouille injuſtement ſes plus fameux confreres
Du titre d'aſſaſſin & de vil ſcélérat,
Pour en gratifier le vertueux ſoldat.
Ce qu'un lévite ſaint, un pieux cénobite
Sont au pontife impur, au paſteur hypocrite,
Qui, trompés l'un par l'autre & vendus au ſénat,
Trompent également Dieu, leur ordre & l'état.
Ce qu'un preux chevalier que l'honneur & la gloire
Guident dans les combats, illuſtrent dans l'hiſtoire,
Et qui, de ſes ayeux, tient en héros guerrier,
La cuiraſſe, le caſque avec le bouclier

---

(1) Corrompu du mot grec *Synedria*, qui veut dire aſſemblée.

(2) Dubois-de-Crancé.

Eſt

(5)

Eſt à ce plat ſeigneur qui veut bien, par bêtiſe,
Qu'on mutile ſon nom, ou qu'on le débaptiſe ;
A ces autres Cacus (1) qu'un ſordide intérêt
Porte à flétrir le leur, par un honteux décret ;
A ce vil Tigillin, (2) à ce lâche Therſite, (3)
A ce Septimius, (4) monſtrueux ſatellite,
A ces tyrans enfin qu'un juſte tribunal
Auroit déjà livrés au ſupplice du pal.
Tous ces noms abhorrés, faits pour des cannibales,
Seront à nos neveux tranſmis dans nos annales.
Ce qu'eſt ce tas impur de brigands *enragés*,
A ces vrais ſénateurs ſi long-tems outragés,
Dont la ſaine raiſon, le tranquile courage,
Ont de ces forcenés cent fois vaincu la rage ;
Au mépris de complots de lâche trahiſon,
De la flâme, du fer, du meurtre & du poiſon.
Ce qu'eſt enfin le trouble à la ſainte concorde,
La parfaite union à l'affreuſe diſcorde,
La colombe au vautour, & le loup à l'agneau,
Louis eſt à *Philippe*, à *Neckre*, à *Mirabeau*.

P R I E R E.

Arbitre des deſtins, maître de l'univers !
Qui ſcrutes des mortels les cœurs faux & pervers ;

---

(1) Voleur, incendiaire & dévaſtateur du *Latium*.
(2) Capitaine des gardes & inſtigateur de Néron.
(3) L'homme le plus affreux, le plus lâche, le
plus ſcélérat, *græcorum omnium fædiſſimus*, enfin le
Mirabeau de la Gréce, tué par Achille, d'un coup
de poing ſur la figure.
(4) Le meurtrier du grand Pompée.

B

Daigne par ta bonté rehauffer la balance,
Qu'un fénat infernal de démons de la France,
Avoit préeipitée au gré de fa fureur :
Punis ces fiers tyrans, dans ta jufte rigueur,
» Et fais, Dieu tout-puiffant, que ces tems déplorables,
» Un jour par nos neveux foient mis au rang des fables.
Magne pater divum fœvos punire tyrannos.   Perf...

NOTE Ire.

Ce qu'eft un philofophe au maire de Paris,
L'un accablé d'eftime, & l'autre de mépris.

Repentè dives, nemo factus eft bonus. E. grec.

Il y a fi loin de M. Bailly, compofant fon Athlantide & fon hiftoire de l'aftronomie ancienne, à M. Bailly, maire de Paris, que, dansle tems on a pu dire à l'auteur philo‐fophe avec Horace :

Lœtus forte tuâ vires fapienter avifti;

On croit avec bien plus de raifon pouvoir dire aujourd'hui au maire de Paris, avec le poëte Claudien :

Afperius nihi eft humili cùm furgit in altum,
Inguinat eg regios adjuncta fuperbia mores.

Du maire de Paris l'orgueil & la baffeffe,
Du cœur du philofophe ont banni la fageffe.

NOTE IIme.

Ce qu'eft le faux au vrai, le vice à la vertu.
C'eft le petit menteur Broglie, vis-à-vis

du héros, du pere vertueux & refpectable,
qui a eu le malheur de lui donner le jour.

Quand on eft né méchant, l'on ne peut être bon,
Mais on peut être un fot & n'être point frippon.

Efto bonus faltèm, fi non potes effe peritus.

N O T E IIIme.

Le roi jufte au tyran, le vainqueur au vaincu.

Quid jus fit, rex, atque pium confiderat æquus,
Quid juffit, memori in mente tyrannus habet.
Juffa boni regis precibus præpono tyranni,
Cum rogat ifte, jubet, cum jubet ille, rogat.

Odoen. Max.

Pour bien développer cette maxime qui
fert à expliquer fi énergiquement la différence
qu'il y a entre un bon roi & un tyran,
comparons la conduite irréprochable de l'infortuné Louis XVI, tant avant, que depuis
fon avènement au trône, avec celle, conf-
tamment crapuleufe & criminelle, de fon
exécrable parent, Philippe le régicide, depuis,
qu'échappé des mains des hommes (eh ! de
quels hommes) il a été lancé dans le monde,
& s'il n'eft perfonne qui puiffe fans injuftice,
refufer à ce bon roi le tribut de louanges
que méritent la bonté & la fageffe de fon
caractère, & dire de lui avec Lucain :

Contulit in numeras intrà fua pectora dotes.

Qui pourra ne pas vouer à l'exécration

publique le monftre le plus cruel & le plus odieux qu'ait jamais produit la nature, & ne pas dire de lui avec Juvénal :

..... --- Quid agas, cùm dira & fœdior omni,

Crimine perfona eft?

Que de brigands,
Depuis deux ans,
A toute outrance,
Vexent la France !
Que d'envieux,
De factieux
Ambitieux,
Souillent le trône ;
Et la couronne !
Que d'attentats,
Des fcélérats
Ofent commettre
Contre leur maître !
Que de coquins,
Et d'affaffins ,
Comptent leurs crimes,
Par des victimes !
Quelles horreurs,
Des impofteurs,
Sans foi, fans mœurs,
N'ont pas commifes ;
Dans nos églifes !
Que de milliers
D'écrivaffiers,
Populaciers,
Vils mercenaires

Aux honoraires
Des mandataires ;
Font des proscrits ;
Par leurs écrits
Incendiaires !
Tous ces manans,
Ces chenapans
Couverts de crotes ;
Sales enfans
Des régimens ;
Dits sans culottes ;
Sont les agens,
D'un d'Orléans ;
Cruel Procruste ;
Lâche tyran
Du bon Trajan ;
Louis le juste.

Quant à la difference qui se trouve entre un vainqueur & un vaincu, elle est très-expressément prononcée entre les trente-trois factieux qui forment le parti triomphateur de la secte impie & sacrilége de l'infernal aréopage, & le meilleur des rois, détenu dans les fers par une suite de leurs décrets odieux & tyranniques; mais qu'ils tremblent les scélérats, & qu'ils apprennent que, quand des mains barbares ont attaché les chaînes aux portes du palais de ce vertueux & excellent prince, une main éternelle & invifible a rivé l'autre bout au cou de fes tyrans.

Souvent un feul moment répare un long malheur,
Nous l'avons vu vaincu, nous le verrons vainqueur.

N O T E IIIIme.

Ce qu'eft le peuple honnête au peuple qu'on abufe.
Vox populi, vox Dei.
La voix du peuple eft la voix de Dieu.

Quelque recommandable que puiffe être cette maxime, tant par fon antiquité (1) que par le mérite & la célébrité de ceux qui l'ont foutenue, il eft très – certain qu'il ne fauroit y en avoir de plus fauffe, de plus erronée, de plus abfurde, étant confidérée autrement que fous un rapport méthaphyfique, c'eft-à-dire, tendant à prouver l'exiftence d'un être fuprême, qui eft le feul & unique ufage pour lequel il paroît qu'elle a été imaginée ; auffi l'on ne péut nier qu'elle n'ait été invoquée dans ce fens-là par tous les philofophes & les plus grands hommes de l'antiquité.

Ciceron, dans fon oraifon (*pro Cluentio fec.* 17.) l'invoque expreffément. » *Itaquè communis ille fenfus naturæ certiffima vox*

Elle eft fi ancienne qu'elle étoit même ufée du tems de Ciceron, comme il le dit lui même: » *ut trito fertur adagio.*

eſt, imò vox populi, (ut trito fertur adagio,) vox dei ; » il remarque encore que, ſi quelqu'un nie la divinité, il faut que ce ſoit une perſonne qui ne ſoit touchée ni des conquêtes du peuple romain, ni du ſoleil, ni du mouvement des cieux, ni de l'ordre & de la viciſſitude des choſes, ni de la ſageſſe des anciens qui ont pratiqué les cultes de la religion, & qui les ont tranſmis à leurs deſcendans. Ce ſublime orateur obſerve que cette dernière preuve de l'exiſtence des Dieux eſt la plus ſûre & la plus forte de toutes. » *Nec vero quiſquam aliter arbitrari poteſt, niſi qui nullam majeſtatem eſſe ducit numenve divinum : quem neque imperii veſtri magnitudo, neque ſol ille, nec cœli ſignorum motus, nec viciſſitudines rerum, atque ordines movent, neque, id quod maximum eſt, majorum noſtrorum ſapientiâ, qui ſacra, qui cœremonias, qui auſpicia & ipſi ſanctiſſime coluérunt, & nobis, ſuis poſteris, prodiderunt. Cic. orat. pro Milone. cap.* 30.

Le ſtoïcien Balbus, dans un livre de Cicéron, fonde la doctrine de l'exiſtence des Dieux ſur cette même maxime, en ajoutant que c'eſt une vérité évidente à toutes les nations & à tous les peuples qui ont ſeulement regardé le ciel ; de sorte qu'il n'en est point qui n'ait applaudi à ces paroles du poëte Ennius :

» *Aspice hoc Sublime candens , quem invocant omnes Jovem.* »

Il ajoute que, si ce n'étoit pas une vérité gravée dans nos esprits , elle ne se seroit point conservée dans tous les siecles. » *Quod nisi cognitum comprehensumque haberemus, &c. Cic. de nat. deor. lib.* 2.

Sénèque qui, sur tout autre objet, regarde avec le dernier mépris l'autorité du grand nombre, fait valoir cette même maxime, comme une preuve d'un très-grand poids. Nous devons, dit-il, beaucoup d'autorité & de créance à l'opinion que tous les hommes ont d'une chose, & nous ne saurions nous dispenser de croire ce que tout le monde croit sur l'existence des dieux : cette opinion nous est commune en ce qu'elle est intime dans l'ame de tous·les hommes, & qu'il n'y a aucun peuple sur la terre, si éloigné qu'il puisse être des lois & des mœurs, qui n'ait une idée positive de quelque divinité. »*Multum dare solemus præsumptioni omnium hominum. Apud nos veritatis argumentum est, aliquid omnibus videri : tanquam deos effe, inter alia fic colligimus, quod omnibus de diis opinio infita eft : nec ulla gens ufquam eft a deo extra leges mores que projecta, ut non aliquos deos credat.*

Senec. Epift. 117.

Ariftote & Erafme l'ont empruntée d'Héfiode pour le même motif; enfin Plutarque, Héraclite, Ariftide, Quintilien & Ciceron lui-même dans plufieurs autres endroits, l'ont invoquée comme un affentiment général de tous les peuples de la terre fur l'exiftence des Dieux.

Sans examiner ici fi tous ces grands hommes avoient approfondi cette maxime, en ne lui donnant même d'autre extenfion que celle qui lui eft propre, nous obferverons que Montagne fembleroit s'en méfier puifqu'en reprochant à Tite Live, à Tacite & à Quint - Curce l'emploi de quelques autres fentences, à l'appui de certains traits d'hiftoire, il ajoute : « c'eft très-bien dit qu'ils nous rendent l'hiftoire, plus felon qu'ils reçoivent, que felon qu'ils eftiment. Effais, liv. 3. ch. 8.

Mais fi pour ce motif - là feulement, le

jugement ou la voix de la nature eſt une règle ſûre, unanime, invariable, ne ſommes-nous pas autoriſés à penſer, à croire, à aſſurer même que, pour tout autre objet, elle ne ſerviroit qu'à égarer les hommes les mieux intentionnés, & qu'elle ſeroit même une ſource épouvantable de déſordres. Car qu'eſt-ce, je vous prie, que la voix de la nature ? Que nous apprend-elle ? Qu'exige-t-elle de nous ? De bien boire, de bien manger, de bien nous livrer aux plaiſirs des ſens, de préférer nos intérêts à ceux d'autrui, de nous accommoder de tout ce qui ſe trouve à notre bienſéance, de faire plutôt une injure que de la ſouffrir, de nous venger de celle qu'on nous a faite, plutôt que de la pardonner. Il ne faut pas croire que le commerce des méchans eſt ce qui nous inſpire ſeul ces paſſions, elles ſont antérieures à la mauvaiſe éducation, on les apperçoit déjà dans l'enfance, & ſi l'art ne corrigeoit la nature, il n'y auroit dans le monde rien de plus corrompu que l'eſpèce humaine, rien en quoi tous les hommes euſſent un rapport plus intime qu'en ceci : c'eſt qu'il faut donner au corps tout ce qui le flatte ; ſatisfaire l'ambition, la jalouſie, l'avarice & le deſir de la vengeance autant qu'on le peut. Si l'homme eût fuivi les mouvemens de la nature, le plus fort eût opprimé le plus foible: on n'eût eu, dans fes amours, d'autre frein que l'amour même; les engagemens facrés du mariage euffent été inconnus. Les lois pofitives ont donc remédié à ces défordres en reprenant la nature, & en foumettant à des peines ceux qui, cédant à leurs defirs naturels, s'écarteroient des fentiers de l'ordre & de la juftice.

Jura inventa metu injufti fateare neceffe eft.
                                        HOR.

Si l'homme n'étoit pas foumis au joug des lois, la nature l'entraîneroit tous les jours à mille déréglemens & à toute efpèce de défordres. Fiez - vous donc, d'après ces vérités éternelles, à fes opinions & à fa voix.

Pline le jeune qui, fans décider fi Pomponius fecundus fefait bien ou mal de fe guider fur le goût du peuple, déclare qu'il étoit bien éloigné d'en ufer ainfi, & qu'il ne confultoit au contraire qu'un petit nombre de gens choifis. « *Rectè an fecus nihil ad me, ego enim non populum advocare, fed certos electofque foleo quos intuear, quibus credam,*

*quos denique & tanquam singulos observem,
& tamquam non singulos timeam.*

PLIN. Ep. 17. Lib. 7.

Horace pensoit de même, & faisoit peu de cas du jugement du grand nombre....

Non ego ventosæ plebis suffragia venor.

HOR.

Plutarque rapporte que Phocion, s'appercevant qu'un certain endroit de sa harangue étoit applaudi du peuple, s'imagina qu'il lui étoit échappé quelque sottise.

On connoît encore ce trait d'histoire, d'un ancien grec (Œlian. Var.) qui châtia son disciple, quand il le vit approuvé de la foule des spectateurs, imaginant que le jeune-homme s'étoit écarté des règles.

Nous citerons encore Antimachus qui, voyant sortir tous ses auditeurs, ne laissa pas de continuer la lecture de son poëme à Platon qui étoit resté seul, comme si l'approbation d'un tel homme l'eût dédommagé du mépris de tous les autres. » *Legam, inquit, nihilo minus, Plato enim unus instar est omnium.* »

Cic. in Brut.

Mais si l'on accorde sans réserve que le peuple peut juger sainement du vrai mérite, relativement à certaines qualités qui frappent les fens, telles que la beauté, l'éloquence, la mufique, la peinture, &c. on ne fauroit convenir au moins qu'il foit compétant pour juger celles du cœur & de l'efprit.

Voilà *Verrès*-Chabroud & *Mutius*-Cazalès, qui, dans un gouvernement populaire, briguent une charge; ils font tous les deux fort eftimés, & l'on ne fauroit trop décider lequel des deux eft doué de plus de qualités, de plus de connoiffances, enfin eft le plus accompli en tous points; mais le fort en décidera bientôt: le peuple fe raffemble demain en tel endroit, tous les corps de métiers s'y trouveront; la charge fera donnée à celui qui aura le plus de fuffrages. Croirez-vous de bonne foi demain au foir, lorsqu'on vous dira : *Verrès*-Chabroud a été choifi, il a eu 2587 voix; *Mutius*-Cazalès n'en a eu que 560, Croirez-vous, dis-je, que *Verrès*-Chabroud a beaucoup plus de mérite, *plus de probité*, *plus de vertu* que M.-Cazalès, que c'eft une vérité fondée fur un arrêt définitif & inconteftable, & qu'il n'eft plus permis de balancer la-deffus ? Vous êtes trop fage & fur-tout trop éclairé pour juger fi mal des chofes.

Ciceron qui avoit vu une infinité d'affemblées populaires pour l'élection des magiftrats, & qui étoit obligé de s'exprimer avec beaucoup de ménagement & de circonfpection fur les défauts de la multitude, puifqu'il vivoit fous une démocratie ; Ciceron, dis-je, vous apprendra que les plus dignes d'un emploi ne font point ceux qui l'obtiennent ordinairement à la pluralité des voix. *Tu an dignitatis judicem putas effe populum ? Fortaffe nonnumquam eft. Utinam vero femper effet : fed eft per raro.*

Cic. pro Plancio. Cap. 3.

Il y va de mon honneur, difoit un romain, qu'on ait donné la préférence à un autre, pour une charge que nous demandions tous deux au peuple. Point du tout, lui répondit Ciceron, & je vous croirois plus fletri fi dix hommes fages & juftes vous avoient trouvé indigne de cette charge, que fi toute l'affemblée du peuple avoit porté de vous un tel jugement.

Le peuple ne juge pas toujours dans les affemblées : il choifit fouvent, il cède aifément aux prières, il préfère ceux qui le follicitent le plus : s'il juge, ce n'eft point par choix, ou par lumieres, c'eft plus fouvent par caprice, par impétuofité, par

par boutade; il n'y a point de reflexion en lui, point de raison, point de difcernement, point d'application ni d'exactitude, & les gens fages ont jugé qu'il étoit bien plus à propos de fouffrir patiemment, que de louer ce qu'il fefait. » *Si medius fidius decem foli effent in civitate viri boni, fapientes, jufti, graves, qui te indignum ardilitate judicaffent, gravius de te judicatum putarem, quam eft hoc, quod tu metuis, ne a populo judicatum effe videatur. Non enim comitiis judicat femper populus, fed movetur plerumque gratiâ : credit precibus : facit eos à quibus eft maximè ambitus. Denique fi judicat, non delectu aliquo, aut fapientiâ ducitur ad judicandum, fed impetus non nunquam, & quâdam etiam temeritate. Non eft confilium in vulgo, non ratio, non difcrimen, non diligentia : femperque fapientes ea, quæ populus feciffet, ferenda, non femper laudanda duxerunt. id. ibid.*

Un peu après il compare les affemblées du peuple aux flots de la mer, excités par des tempêtes fubites qui, les pouffant d'un côté les éloignent de l'autre, & il remarque que l'on a vu très-fouvent avec le même étonnement qu'un tel étoit préféré à un autre,

& que le peuple, auteur de cette préférence, en étoit lui-même étonné. C'eſt dans l'oraiſon pour Muréna qu'il fait cette remarque dans laquelle on voit une déclamation ſatyrique ſur les aſſemblées du peuple romain. « ....

. . . .

Nihil eſt incertius vulgo, nihil obſcurius, voluntate hominum, nihil fallacius ratione totâ comitiorum.

Orat. pro Murena cap. 17

Sénéque ne s'explique pas moins clairement ſur le même ſujet. Le chemin le plus frayé, dit-il, & le plus battu, eſt celui qui nous trompe le plus ; il n'y a donc rien que nous ne devions éviter plus ſoigneuſement que d'imiter ces animaux formés en troupeaux, qui ſe ſuivent marchant l'un devant l'autre, ſans ſavoir la route qu'ils doivent tenir. » *Tritiſſima quæque via & celeberrima maximè decipit. Nihil ergo magis præſtandum eſt, quam ne pecorum ritu, ſequamur antecedentium gregem per gentes, non quà eundum eſt, ſed quà itur.* »

Rien n'entraine de plus grands maux que l'aſſentiment que nous donnons au bruit public, & à l'opinion du vulgaire. » *Nulla*

res

res nos majoribus malis implicat, quam quod ad rumorem componimus.

La preuve la plus certaine qu'une chose est mauvaise, c'est qu'elle plait au public. » *Argumentum pessimi, turba est.* »

Recherchons tout ce qui peut nous procurer une félicité éternelle, & non ce qui est reçu & approuvé du vulgaire, qui est toujours un très-mauvais interpréte de la vérité. » *Quæramus quid nos in possessione felicitatis æternæ constituat, non quid vulgo, veritatis pessimo interpreti probatum sit.* »

J'appelle vulgaire, aussi bien ceux qui sont revêtus d'un manteau, que ceux qui sont compris dans la tourbe du menu peuple. » *Vulgum autem tam clomydatos, quam coronam voco.*

SENEC. de vita beatâ, cap. 1. & 2. page 617.

Quelles sont les personnes qui se donnent la peine de peser, d'examiner, d'approfondir les choses qu'elles débitent, & auxquelles elles ont donné leur assentiment ? Un seul homme qui s'est acquis une certaine considération persuade en peu de tems à toute une ville, à toute une province ce qu'il honore de son témoignage. (*a*)

(*a*) Nous faisons tous les jours la plus cruelle expé-

Il n'y a rien de plus dangereux encore que d'avoir trop de déférence pour l'autorité de celui qui nous enseigne (*b*). Le préjugé de son mérite nous faisant adopter sans examen tous ses dogmes ; les sectateurs qu'il

rience de cette funeste vérité. Récapitulons, s'il est possible, les horreurs & les abominations en tout genre qu'on exerce dans toutes les différentes provinces de l'empire français sur cette portion de citoyens désignés par les factieux sous la dénomination d'aristocrates ; nous trouverons quels sont les fruits de la correspondance de nos légiflateurs-journalistes, rédacteurs salariés de toutes les circulaires envoyées dans les diférens départemens du royaume, sous le cachet sacré de la nation.

Personne n'ignore aujourd'hui qu'un très-grand nombre de nos augustes représentans n'ont pas, craint de compromettre leur dignité sénatoriale, en se constituant marchands folliculaires, non seulement à l'usage de leurs provinces, mais même à celui du public & principalement du peuple qu'ils savent si bien électrifer par des mensonges patriotiques : il est aisé de s'en appercevoir en comparant leur style actuel avec celui des premiers tems ; combien ils ont acquis dans ce genre ¡ & de l'avantage qu'ils ont su tirer de cette ancienne maxime des Grecs : *discendo discere discunt.*

(*b*) La doctrine très-didactique qu'a professée avec tant de succès avant sa mort le grand instituteur Mirabeau d'éxecrable & odieuse mémoire, vient á l'appui de cette vérité. On n'avoit garde de combattre son opinion ; c'étoit

fe fait ajoutent confidérablement à l'autorité
de fa doctrine, & ainfi l'on fe difpenfe du
foin de rien approfondir : on fe contente de
groffir le nombre ; les erreurs fe propagent
des peres aux enfans & font gréffées les unes
fur les autres. *Obeft plerumque iis qui dicere
volunt autoritas eorum qui fe docere profi-
tentur. Definunt enim fuum judicium adhi-
bere : id habent ratum quod ab eo quem
probant judicatum vident.*

Cic. de nat. deor. lib. 1.

D'ou je conclus que l'art de difcerner
une évidence légitime d'avec un paradoxe,
une maxime conftante d'avec un dogme er-
roné, une propofition démonftrative d'avec
un fophifme captieux, ne pouvant être un

---

l'oracle du Sanhedrin : auffi s'apperçut-on bien vite de
l'embarras de nos modernes Solons. Ce peuple de légiflateurs ne fut plus alors qu'une peinture de celui dépeint
par Tacite, qui manquant de conducteur, eft tout trem-
blant, tout effrayé, tout étourdi » *Vulgus fine rectore,*
» *pavidum, focors* ». Ce qui nous engagea alors à rendre publique la petite épigrame fuivante.

Sans chiffres, qu'eft-ce qu'un zéro ?
Parbleu la réponfe eft aifée :
C'eft ce que vaut notre affemblée,
Sans l'unité de Mirabeau.

C 2

attribut du peuple, il feroit abfurde d'invoquer fa voix dans un jugement quelconque qui exigeroit une attention fuivie, ou une profonde érudition.

Je laiffe à mon lecteur à faire tel ufage qu'il jugera à propos du raifonnement ci-après, il eft d'un des plus beaux efprits dont la France s'honore.

« Le témoignage de ceux qui croient une chofe déjà établie, n'a point de force pour l'appuyer ; mais le témoignage de ceux qui ne la croient pas, a de la force pour la détruire. Ceux qui croient peuvent n'être pas inftruits des raifons de ne point croire, mais il ne fe peut guère que ceux qui ne croient point, ne foient pas inftruits des raifons de croire. C'eft tout le contraire quand une chofe s'établit ; le témoignage de ceux qui la croient, eft de foi-même plus fort que le témoignage de ceux qui ne la croient point ; car naturellement ceux qui la croient doivent l'avoir examinée, & ceux qui ne la croient point, peuvent ne l'avoir pas fait...... Pour quitter une opinion commune, ou pour en recevoir une nouvelle, il faut faire quelque ufage de fa raifon, bon ou mauvais, mais il n'eft point befoin d'en faire aucun

pour rejetter une opinion nouvelle, ou pour
en prendre une qui est commune. Il faut des
forces pour résister au torrent, mais il n'en
faut point pour le suivre.

FONTENELLE hist. des oracles ch. 8. pag. 74-75. édit.
d'Amst. 1687.

Je ne finirais pas si je rapportais tout ce
que les anciens poëtes, philosophes, orateurs,
& historiens de l'antiquité ont avancé sur
cette matiere, & ils en parloient avec d'autant
plus de certitude, qu'ils vivoient sous une
forme de gouvernement où les suffrages du
peuple avoient la prépondérance & décidoient
de tout.

Mais si la pluralité des voix est plus qu'in-
suffisante pour prouver le mérite & les
qualités des personnes, elle doit l'être bien
davantage pour prouver la vérité des opinions
soit par rapport aux faits historiques, soit
par rapport aux dogmes philosophiques.

On ne sauroit douter qu'un très - grand
nombre de fables sur la fondation des villes
& des états, sur les actions & sur les vic-
toires des anciens rois &c. ne passent parmi le peuple pour des vérités certaines. Plu-
sieurs historiens les ont rapportées : quel-
ques-uns les ont contredites & en ont déf-

abufé beaucoup de perfonnes ; mais fi l'on pouvoit raffembler tous les habitans d'un empire, ou d'un très-grand pays, & qu'on demandât à chacun ce qu'il en penfe, il y auroit mille voix affirmatives contre une voix négative. C'eft de quoi il eût été facile de fe convaincre dans Athènes, fi l'on eût recueilli les voix fur les actions de Théfée, & dans Rome fur la puiffance de Romulus, & fur la maniere dont il fut nourri par une louve.

Quant aux dogmes philofophiques, il eft évident que le peuple n'en fauroit juger : il prendroit tout de travers ; il condamneroit tout ce qui ne feroit pas conforme à fon imagination & à fes yeux ; il nieroit les Antipodes & le mouvement de la terre ; il foutiendroit que les couleurs font dans les objets ; qu'un rocher qui s'échappe d'une montagne, roule fans que rien le pouffe, & il fe mocqueroit bien mieux encore de ceux qui difent qu'il y a autant de matiere dans un tonneau après que le vin en eft forti, que quand il y étoit coercé. Il eft vrai de dire auffi qu'il repare amplement cette impéritie involontaire, & par là bien impardonnable, par une croyance fortement pro-

noncée fur les effets de l'aftrologie judiciaire,
fur le préfage des éclipfes ; fur la vertu de
la lune & des autres aftres connus ; fur la
terreur qu'infpirent l'apparition des cométes
& le débordement des rivieres ; fur la divi-
nation des fonges & fur une infinité d'autres
fuperftitions qui eurent, qui ont & qui auront
pendant bien long-tems encore fon affentiment irréfragable. *Judicium vulgi infanum.*

Dans toutes les matieres philofophiques,
le fuffrage de très-peu de gens qui les ont
étudiées toute leur vie eft d'un bien plus
grand poids, fans doute, que celui de vingt
millions d'hommes qui n'ont rien lu, qui
n'ont jamais médité & qui n'examinent rien;
ils ne font que fuivre leurs préjugés. » *Sic
eft vulgus ex veritate pauca, ex opinione
multa exiftimat.*

Cic. orat. pro Vofc. cap. 10.

Ciceron ajoute encore que la philofophie
fe contente de peu de juges ; qu'elle fuit le
vulgaire, qu'elle lui eft fufpecte, qu'elle en
eft haïe, & que ceux qui la condamnent
attirent l'approbation de la multitude. « *Eft
enim philofophia paucis contenta judicibus
multitudinem confulto ipfa fugiens &c.*

Il ne veut point que l'on fuive le juge-

ment populaire fur l'honnêteté qu'il ne connoît pas & qu'il n'apperçoit pas chez les
autres. » *Hoc evenit ut in vulgus infipien-
tium opinio valeat honeftatis quam ipfam
videri non poffit &c.* » id.

Enfin l'on ne peut nier qu'il ne fût abfurde
de déferer autant, fur des matieres philofophiques, à l'opinion de toutes les poiffardes
de Paris par exemple, qu'à celle d'un feul
philofophe. Il n'eft pas moins évident, &
l'expérience nous l'apprend, qu'en matiere
de jurifprudence, l'avis de trois ou quatre
fameux avocats ne foit préférable à celui de
trois ou quatre mille payfans.

Eft-il queftion d'un dogme d'aftronomie:
le fapajou démagogique Lalande fera bien
plus croyable lui feul, que tous les forts
de la halle, tous les charbonniers, tous les
hiftrions de l'Opéra, enfin tous les vociféra-
teurs falariés à tant par jour, par le facré
aréopage, en y comprenant même leurs
metteurs en œuvre, les Carra-Gara-Mara,
les Prudhomme, les Defmoulins, l'amphif-
bene Robert & tous autres reptiles ou infectes fangeux, vénéneux, igniferes & fan-
guiforbes.

Copernic dont l'hypothèfe triomphe enfin

depuis long-tems, n'avoit-il pas contre lui
feul ou à peu près toutes les écoles & tous
les peuples ?

N'établit-on pas pour principe : que chacun
doit être cru pour ce qui concerne fon art
ou fa profeffion ? » *Quam quifque norit artem
in hanc fe exerceat.* »

'Cıc. tnfc. lib. 1.

Qu'un jardinier eft plus croyable dans une
queftion de jardinage que cent critiqueshérif-
fées de grec ou de latin ? En un mot, dans
les fciences, dans les arts & dans toutes
fortes de profeffions, le jugement d'un petit
nombre d'experts doit être préféré à celui
d'une multitude d'ignorans. « *Quis autem
nefciat, plus effe momenti in paucioribus
doctis, quam in pluribus imperitis lactant.*

Divin. inftit. lib. 2. cap. ult.

Nous pourrions bien dire ici en paffant,
que la fameufe maxime, *vox populi, vox
dei*, étant tout auffi bien du reffort de la
philofophie, & de la philofophie la plus fublime & la plus profonde que celui du culte
& de la religion, il nous feroit aifé au moins
de rédarguer fes modernes fectateurs fur l'abus
immodéré qu'ils en font ; mais il eft encore
plus fage, plus prudent, & fur-tout plus

utile de la refpecter dans la bouche de tous ceux qui, à l'exemple des plus grands phi-lofophes de l'antiquité ne l'invoqueront que dans le fens qui lui eft propre.

Quant aux grandes, aux fublimes vérités qui ont un caractere intérieur qui les fou-tient, c'eft à ce figne facré que tous les hommes ont appris à les connoître, elles font du reffort du peuple, comme de celui des favans & des philofophes ; mais nous ne cefferons de dire qu'on ne fauroit révo-quer en doute qu'il n'y ait beaucoup d'erreurs capitales qui auront toujours plus de fectateurs que n'en auront jamais les raifonnemens & les témoignages certains qu'on invoquera pour les combattre.

Ceux qui connoiffent la véritable religion, qui ont un zèle ardent pour la vertu, qui donnent enfin des exemples conftans de piété & de fageffe ne font-ils pas en plus petit nombre que ceux qui errent fans-ceffe fur le culte du vrai Dieu, ou qui affectent même de le méconnaître ?

» *Apparent rari nantes in gurgite vafto.*

Y a-t-il rien de plus rare que les gens de bien, comme l'a très-énergiquement exprimé Juvénal ? On en trouveroit à peine autant,

dit- il , que la ville de Thébes avoit de portes ,
ou que le Nil a d'embouchures.

Rari quippe boni numero funt vix totidem quol ,
Thebarum portæ vel dividis oftia Nili.

Ils font à peine un contre cent mille ,
nous en avons un exemple fous nos yeux ,
& c'eft ici fur-tout où la voix du peuple
vient fi à propos à l'appui de cette fatale
vérité.

Voyez le petit nombre de héro-fages qui ,
au plus grand rifque de leur vie ont journellement à combattre cette horde de brigands
de meurtriers, d'affaffins, d'empoifonneurs ,
d'impies, d'apoftats, d'oppreffeurs , de perfides, de régicides, enfin de prévaricateurs
en tout genre qui, au mépris des pouvoirs
qui leur ont été confiés dans le congrés général d'une des plus grandes nations du monde
en ont fait, par un feul acte de leur atroce
volonté, un chaos de troubles , d'anarchie ,
de difcorde & de crimes.

» *Factum eft in terris quidquid difcordia juffit.*

Petr.

Et c'eft la voix rugiffante de ce même
peuple ou de fes co-repréfentans qui, menaçant
de dévorer cette petite portion de fages de
la patrie , l'obligent tyranniquement à fe

foumettre aux décrets du plus grand nombre & de fe circonfcrire étroitement dans les bornes d'un éternel filence.

> » *Servemus leges patrias : iftrma minoris*
> » *Vox cedat numeri, parvaque in patte filefeat.*

Pruden;

C'eft ici fans doute, où il doit être permis de s'écrier avec un des vertueux fatyriques du fiecle.

O douleur, ai-je dit, ô fiécle malheureux !
D'une morale impie, ô regne défaftreux !
Le crime eft fans pudeur, l'équité fans courage ;
Et c'eft de la vertu qu'on rougit dans notre âge.
Vifitons nos cités : hélas ! que voyons-nous,
Qui de l'homme de bien n'allume le courroux !
L'athéïfme en déferts convertiffant nos temples ;
Des forfaits dont l'hiftoire ignorait les exemples.
Les débats d'un fénat où, la loi des vainqueurs,
Attefte à l'univers la honte de leurs mœurs :
Tous les rangs confondus & difputant des vices,
Le filence des lois, du fcandale complices.
Peindrai-je tous ces clubs, ces monftrueux tournois
Où, l'on profeffe l'art de détrôner les rois.
Quel fiécle doit rougir de plus de parricides,
De plus d'affaffinats, de fameux homicides,
De combien d'attentats, nés d'infames amours,
N'avons-nous pas fouillé l'hiftoire de nos jours ;
Par-tout fcandalifée, & par-tout méconnue,
La pudeur ne fait plus où repofer fa vue ;

Et l'opprobre & le vice & leur profpérité ;
Bleffent de toutes parts fa chafte pauvreté &c.

Nous obferverons encore, avant de terminer cet article, que les fectateurs de cette
maxime, *vox populi*, *vox dei*, ne manque-
ront pas de l'invoquer pour certaines affaires
de politique & de jurifprudence, par la pra-
tique de certains tribunaux, & par celles
des affemblées d'état, où les affaires fe dé-
cident à la pluralité des fuffrages & au jugement du plus grand nombre ; mais outre qu'ils
feront forcés d'avouer qu'il leur eft impof-
fible de faire autrement, ils ne fauraient
difconvenir que cette méthode ne foit fujette
à toutes fortes d'abus, & n'entraîne les plus
grands inconvéniens.

La juftice, la raifon, la prudence & le
favoir étant toujours du côté du plus petit
nombre : tel fouvent qui eft feul de fon avis,
opine plus fagement que tout le refte de
l'affemblée.

Ainfi, le principe qui a pour bafe : que
la multitude de fectateurs, le jugement populaire, l'étendue & la durée d'une tradition
ne font rien moins que des fignes de vérité,
a pour lui, non feulement l'affentiment de
prefque tous les grands hommes de l'anti-

quité ; mais encore l'expérience apuyée d'une foule d'exemples d'une authenticité incontestable.

» *Noli judicio tenebrosi accedere vulgi.*
Paling.

En deux mots : la crédulité des peuples étant une suite néceſſaire de leur ignorance, leur deſtinée eſt d'être toujours trompés ; de là, cette facilité à les séduire pour de l'argent, quand les tréſors d'un état ſurtout, ſont à la merci de ceux qui ont quelque intérêt a le faire.

» *Venalis populus, venalis curia patrum.*
Petr.

Ce qui ſans doute, a fait dire à Montagne: que le peuple était comme un cheval de poſte ſellé & bridé, au ſervice de celui qui voudra s'en ſervir le premier pour de l'argent.

De là, cette excandeſcence de haîne, de colere, de rage, de fureur, de délire qui les porte à faire des victimes par le fer & la flamme, & à ſe livrer à tout ce que le crime a de plus atroce & de plus éxecrable.

» *Ira frequens etiam quatit illos, pronus in iram*
Stultorum eſt animus facile excandeſcit, & audet
Omne ſcelus, quoties concepta bile tumeſcit ;
Tunc ferri ſceleratus amor, rixæque cruentæ

Surgunt, & gelidæ dant plurima corpora morti :
Nam furit atque ferit sævissima bellua vulgus.

Paling.

De là enfin, cette férocité non seulement de massacrer les hommes (& l'époque en est assez récente), mais de leur arracher le cœur & les membres, pour les dévorer palpitans, en les arrosant de leur sang.

» *Aspicimus populos, quorum non sufficit iræ*
Occidisse aliquem, sed pectora, brachia, vultum,
Crediderint genus esse cibi ».

Juven.

Qui pourroit supporter l'aspect de pareils monstres ?

» *Quisquis non fugeret, si nunc hæc monstra videret*

Idem.

Des dogues à qui leur maître a mis un collier de fer, peuvent étrangler des chiens qui n'en ont pas.

D'après ces fatales vérités qui se trouvent consignées dans les fastes de tous les siecles, & dont nous sommes les déplorables témoins, & plus encore les malheureuses victimes ; prononçons sur le mode de gouvernement qui semble convenir le mieux à un grand empire.

Français, j'en appelle à votre jugement,

& sur-tout à votre conscience ? Du sein de
la calamité publique qui vous fletrit & vous
consterne, de la misere qui vous opprime,
des troubles qui vous divisent, des divisions
qui vous déchirent ; lorsqu'il n'y a pas encore
deux ans que le calme & le bonheur dont
vous jouissiez fesaient l'admiration de toutes
les nations connues, & attiraient nommément sur vous les regards d'un grand peuple,
le plus ancien dans l'ordre social, dans les
arts & dans les sciences qui soit sur le globe,
dont les plus dignes, les plus augustes représentans partis en grand cortége des portes
du soleil, étaient venus exprès pour con-
templer à plaisir vos trophées, vos triom-
phes, vos merveilles, ainsi que ces superbes
& antiques monumens, que le génie français
avait élevés depuis une longue série de siecles
à la gloire de la nation & à celle de ses
augustes maîtres, époque d'autant plus mé-
morable, que ces vénérables habitans de
l'Inde (1) furent les témoins avec vous des soins
paternels & des tendres sollicitudes de votre
bon & vertueux monarque, pour accroître

---

(1) L'ambassadeur de Tipoo-Saïb étoit à Paris lors
de l'assemblée des notables.

votre

vôtre bonheur encore. Français , parlez
vous dis-je! vous ne fauriez jamais être plus
en état de juger par comparaifon , fi le gouvernement d'un feul eft plus fait pour vous
que celui de cent mille , car vous ne fauriez vous diffimuler que vous n'avez plus
de fouverain, & qu'outre la volonté im-
pérative , & plus que defpotique des douze
plus fameux de vos douze-cent rois (eh !
qui font-ils encore, grands Dieux !) , vous
devez connaître aujourd'hui toutes les bran-
ches , toutes les ramificatious même de
pouvoir qui découlent non , de cette puiffance fuprême & élémentaire, de cette fource
facrée qui fécondait fi falutairement ce
vafte & brillant empire depuis plus de
quatorze fiecles , puifqu'il a plu à des mains
impures & facriléges d'en détourner la douce
influence ; mais de ce cloaque infeét & pef-
tilentiel dont la vertu rabide & inébriante
a troublé, tuméfié & enflammé les efprits
au point de les divifer pour faire couler , non
feulement le fang de fes concitoyens & de
fes freres ; mais de fe propager même
par des voyes fourdes & ténébreufes parmi
toutes les nations du monde pour y caufer
lés mêmes défordres & les mêmes ravages.

D

Français, vous n'ofez prononcer ? Le tems n'eſt donc point encore arrivé ? eh bien ! écoutez Voltaire, cet oracle ſublime, ce premier apôtre, & ſur-tout ce grand prophéte de la révolution [1), non dans l'eſprit ou elle s'opere, puiſque le cœur de ces ſectaires qui croiraient s'avilir en s'avouant ſes collaborateurs, excandeſcent de haine, de vengeance, de fureur, & défféché par une ardeur active de tous les vices, n'eſt plus perméable aux douces influences, aux ſalutaires avis de ce grand philoſophe ; écoutez, dis-je, ce génie univerſel qui vous annonce le ſeul mode de gouvernement qui convient à la nation, qu'il éclaira ſi long-tems de ſon divin & inextinguible flambeau. . . . . . . « J'ajouterai encore, dit-il, que » j'aimerais mieux, malgré mon goût extrême » pour la liberté, vivre ſous la patte d'un

(1) Tout ce que je vois jette les ſemences d'une révolution qui arrivera immanquablement, & dont je n'aurai pas le plaiſir d'être témoin. Les Français arrivent tard à tout, mais enfin ils arrivent. La lumiere s'eſt tellement répandue de proche en proche, qu'on éclatera à la première occaſion ; & alors ce ſera un beau tapage. Les jeunes gens ſont bienheureux ; ils verront de belles choſes. *Volt. à M. le Marquis de Chauvelin, Ambaſſadeur à Turin, le 2 d'Avril 1764. Correſpondance générale. T. 38.*

„ lion, que d'être continuellement expofé aux
„ dents d'un millier de rats mes confreres. „
A M. le Maréchal de Richelieu. let. 28*i*.

.. Il répéte la même penfée dans une autre
lettre à M. de St.-Lambert.......« Et de
„ plus. j'aime mieux obéir à un beau lion qui
„ eft né beaucoup plus fort que moi , qu'à
„ deux cents rats de mon efpèce. „

Il s'explique bien plus clairement encore
dans une autre lettre à l'Impératrice de
Ruffie régnante ; il la félicite dabord du
fuccès de fes armes contre le grand Turc .
« j'efpère , dit-il , que Votre Majefté ne
„ s'en tiendra pas là , & qu'elle me procurera
„ le plaifir, avant de terminer ma carrière ,
„ d'apprendre qu'on verra bientôt refleurir la
„ patrie d'Homère, de Sophocle & de Dé-
„ mofthène, qui eft dévaftée, appauvrie &
„ abrutie depuis fi long'-tems. Je me tranf-
„ porte déjà en efprit dans ces climats heureux
„ où il eft bien tems enfin que les peuples
„ refpirent, & dans lesquels Votre Majefté
„ fe gardera bien fans doute d'introduire le
„ gouvernement de la canaille. „

Si dans tous les tems on a penfé de même
fur tous les différens peuples de la terre ; fi
dans la férie des fiecles que nous venons de

parcourir, depuis Héfiode jufqu'à Voltaire, tous les grands hommes ont eu la même opinion fur leur compte, que devons-nous penfer de ces novateurs qui, fe glorifiant d'en avoir une diamétralement oppofée, ne ceffent d'invoquer aujourd'hui la voix & l'affentiment de ce même peuple pour procréer un nouvel ordre de chofes, affeoir de nouvelles bafes, décreter de nouvelles lois, établir de nouveaux principes; pour nommer encore à toutes les nouvelles dignités qui doivent remplacer celle du trône, le culte de la religion & fes miniftres, les lois de la juftice & fes nouveaux difpenfateurs, la force intérieure & celle du dehors, les finances, l'impôt, le commerce, les puiffances fpirituelle & temporelle dans toutes leurs fubdivifions, en détraquant tous les refforts conftitutionnels & politiques d'un des plus vaftes & des plus brillans empires du monde; n'eft-ce pas ici le cas de dire avec Séneque : « *Quod non* » *poteft, vult poffe, qui nimium poteft,* » Ou mieux encore avec le même :

Ubi non eft pudor,
Nec cura juris, fanctitas, pietas, fides,
Inftabile regnum eft.

Si Voltaire pouvait reparaître fur cette

terre défolée, ne dirait-il pas avec Virgile à cette portion de fages qu'on opprime :

Heu! fuge crudeles terras, fuge littus iniquûm.

A moins que cherchant peut-être à les raffurer, il ne leur dit encore ce qu'il avoit déjà dit dans une autte circonftance à peu près également convulfive : « Je ris de tout » ceci, parce que je ne crois pas que cette » maladie de la nation foit mortelle ; fes » fymptômes font des vertiges qu'il lui faut » faire guérir par M. Pome. »

Il pourrait bien ajouter encore ce qu'il écrivait dans une autre occafion à Madame la marquife du Deffant : « Ne lifez-vous pas » quelquefois l'hiftoire ? ne voyez-vous pas » combien la nature humaine eft avilie de- » puis le beau tems des Romains ? n'êtes-vous » pas effrayée de l'excès des fottifes de notre » nation ? Et ne voyez-vous pas que c'eft » une race de finges, dans laquelle il y a eu » quelques hommes ? (1) »

A l'appui de ces vérités, que me ferviroit-il d'en ajouter d'auffi fortes encore, en in-

___

(1) Cette race de finges eft totalement dégénérée de-puis Voltaire, en race de tygres, d'ours, de hiennes & de panthères.

voquant le témoignage de Jean-Jacques Rouf-
feau, puifque fes faux feɛtateurs fe font fait
une loi d'ifoler, de fequeftrer, même tout
ce qui conduit à la conviɛtion & à l'évidence
fur ces matieres, pour apothéofer les erreurs,
les paradoxes, & récompenfer même fcan-
daleufement les foibleffes, les défauts & toute
la partie honteufe de la vie de ce cinique,
dans la concubine qui lui furvît.

> *Bene faɛta male locata:*
> *Male faɛta arbitror.....:*
>
> Ennius.

Les bienfaîts mal placés ne font jamais bienfaits.

N'oublions cependant point de dire qu'il
eft parmi le peuple des citoyens honnêtes &
vertueux, qui font précifément pour la vertu
ce que les crapauds, les afpics & les cou-
leuvres font pour le venin ; les d'Orléans,
les Mirabeau & les Chabroud pour la cra-
pule & pour le vice ; les Bailly & les Mottié
pour la fourberie, l'hypocrifie & la baffeffe ;
les Lameth & les Noailles pour l'impudence
& pour l'ingratitude ; les Liancourt pour la
lâcheté & la jean-f.... rie ; les Vignerot, les
Broglie & les Montmorenci pour la vengeance & pour la bétife ; les Barnave

pour la tigrerie ; les d'Autun , les Goutte
& les Grégoire pour l'irréligion & pour
l'apostasie, &c. &c. & qui avouent de bonne
foi que la tourbe, la multitude de leurs confreres est , à tous égards , telle que l'ont dé-
peinte tous les grands hommes anciens &
modernes.

Ergò ferum genus hoc hominum est , valdeque cavendum.
PALING.

Donc , il faut selon le conseil du sage,
s'astreindre à tout faire pour le bonheur
du peuple, sans jamais lui rien demander.
» *Mitte panem tuum super aquas tran-*
seuntes.
Eccles.

On sait d'ailleurs assez que n'étant in-
cliné qu'à mal faire, il faut le soustraire
autant qu'on le peut à l'oisiveté, au vice,
à un excès de misere sur-tout, en lui donnant
du pain , & en lui procurant l'amusement
de quelques spectacles qui sont les deux
objets principaux auxquels il paraît le plus
borner ses desirs,

« ------ *Atque duas tantum res anxius optat,*
» *Panem & circenses.*
JUVEN.

C'est à la sagesse du gouvernement & lui

D 4

procurer l'un & l'autre, & à se ressouvenir que le peuple d'Athènes assistait aux tragédies de Sophocle, & aux comédies de Térence, & que c'est de ce dernier qu'il avait appris & qu'il savait par cœur ces sublimes sentences.

Homo sum, humani nihil à me alienum putō.
Naturâ tu illi pater es, consiliis ego, &c.

En lui inspirant de telles maximes, on pourra, sinon réformer le caractère du peuple, du moins refréner sa fureur & ses passions ; alors il se rapprochera peut-être d'un peu plus près de celui de la Gréce, tel qu'il est dépeint dans Platon, & auquel néanmoins il se croit bien supérieur, d'après l'orgueilleuse présomption que lui inspirent nos fripiers littéraires, nos Tabarins, nos Polichinels, qui se croient eux-mêmes bien au dessus des Sophocle & des Ménandre, des Varius & des Térence. *Stulta placent stultis.*

Car tel est le peuple, dit en quelque endroit Platon : il condamne, & se rétracte ; il maltraite & se repent ; il fait mourir, & voudrait dans le moment ressusciter ceux qu'il a mis à mort ; mais je demande si le

(45)

peuple Welche fe rétracte , & fe repent fur-
tout beaucoup d'avoir tant fait de victimes?
Eſt-ce dans la Lorraine, dans la Provence,
dans le Languedoc , dans le Querci, dans le
Rouſſillon , ou bien dans la Capitale , où
ayant plus de moyens d'inſtruction & de
grands exemples , il délibere gracieuſement
en face des faints autels, de pendre un
vénérable paſteur au cordon du Cande-
labre ? (1)

Le peuple , dit Frédéric le grand, eſt
un monſtre compoſé de contradictions , qui
paſſe impétueuſement d'un excès à l'autre,
& qui dans fon caprice protége ou opprime
indifféremment le vice & la vertu.

Quid non audebit furioſa licentia vulgi,
Omnią confundit , vertit furfumque deorfum.

Enchomion chalcogr.

(1) Dans l'Egliſe de Saint-Germain-l'Auxerrois, qui
fert aujourd'hui de temple , d'aſyle paifible au culte des
Proteſtans , le peuple, au mépris de toutes les lois, di-
vines & humaines, a fait la motion de pendre patrio-
tiquement le Curé au cordon de la lampe.

Dans la province de Champagne on ne s'en eſt pas
tenu à une pareille motion ; le Curé de Sept-Sceaux,
entre Rheims & Châlons, a été tué d'un coup de fufil
en faifant fon prône , par des fcélérats de la Paroiſſe.
Comes eſt difcordia vulgi.

Le bon-fens n'eft jamais du parti le plus fort ;
Sur-tout dans ces momens où le peuple en délire,
Forçant l'opinion fe fait un jeu de dire :
La folie a raifon , & la raifon a tort.
Ce fot peuple, dit-on , qui par-tout eft le même,
Adopte avidement le merveilleux qu'il aime :
Qu'importe que d'une ombre un fourbe l'ait frappé ,
Le vulgaire abufé n'éft jamais détrompé :
On le tient abreuvé dans des fources impures ;
Il eft fouvent fans pain, mais il lit des brochures,
Que pour le ramener on lui parle raifon ;
C'eft vouloir par le toit commencer la maifon ;
Tout ce que la vertu retrace de maximes ,
Par fes fens égarés fera pris pour des crimes,
Et quiconque voudrait combattre fon erreur ,
Ne ferait qu'attifer la haîne dans fon cœur.
Frémiffons au feul nom de ce peuple ftupide ,
Qu'un peu d'argent féduit, & que la fureur guide.

Ergò , fententia dicens vos populi .
Vox Dei minùs eft quam vox diaboli.

N O T E Vme.

Le fcélérat abfous au jufte qu'on accufe.
Tange mifer venas , & pone in pectore dextram.

PER. Sat. 3.

Favras eft mort victime, & Philippe eft tranquile.
Sous le fer du méchant le jufte eft abattu,
L'oppreffeur fait gémir l'homme faible & débile.
La terre fit le vice & le ciel la vertu.
A l'infame Chabroud un faint adage crie :

Judex damnatur, cum nocens abſolvitur.

Un autre, au vil Mottié dit avec énergie :

Ultor ſemper Deus nocentes ſequitur.

N O T E VIme.

Ce qu'eſt ſur des brigands ſatrapes de la mort,
Le général qui veille au général qui dort ;
Quand ces brigands ſur-tout pour ſouiller la couronne,
Faiſaient jaillir le ſang juſqu'aux marches du trône.

Sumite nunc gentes accenſis mentibus arma ;
Sumite, & in medias immittite lampadas urbes.
Vincetur quicumque latet : non fœmina ceſſet,
Non puer, aut ævo jam deſolata ſenectus.
Ipſa tremat tellus, lacerataque tecta rebellent.

De Bel. Civ.

Sans rien perdre du ſens, de l'eſprit, de
la force, de l'énergie, & ſur-tout de la vérité de cette brillante deſcription du célèbre
Pétrone, nous devons au ſublime talent d'un
bien plus grand homme encore, d'avoir ſu
la réduire en maxime, & de lui avoir donné
force de loi dans toute l'étendue d'un vaſte
& grand Empire.

L'INSURRECTION EST LE PLUS SAINT DES DEVOIRS.

Telle eſt cette maxime évangélique du jour ;
elle eſt dans la bouche, & plus encore dans

le cœur de tous les sectateurs modernes de la révolution. C'est le *ite, docete omnes gentes* de tous les Missionnaires apostoliques de la Propagande ; c'est l'épigraphe par excellence qui sert à décorer le frontispice des nouveaux autels érigés à la patrie, & qui a remplacé sur ceux de nos anciens temples nouvellement dépouillés de leurs saints monumens, & de tous les attributs sacrés de leur antique splendeur ; cette sublime inscription, trop ascétique sans doute, pour être dans l'esprit de la nouvelle philosophie ; mais qui sera toujours l'objet d'une profonde méditation parmi les fideles disciples d'une religion sainte.

» Loin de rien décider sur cet Etre suprème ,
» Gardons , en l'adorant , un silence profond,
» Sa nature est immense & l'esprit se confond ,
» Pour savoir ce qu'il est, il faut être lui-même. (1)

(1) On frémit d'horreur quand on pense qu'on a effacé de dessus le frontispice de la nouvelle Eglise de Sainte-Genevieve , basilique & patrone de Paris, cette inscription sainte & sacrée à la gloire de l'étenel. DEO OPTIMO MAXIMO. pour y substituer celle qui suit : *Aux grands hommes, la patrie réconnaissante.* Aux grands hommes !..... & c'est un Mirabeau, *fœdissimus Gallorum*, qui est à la tête, qui commence la série de ces grands hommes. Un Mirabeau qu'on ne saurait mieux

C'eſt cette même maxime qui ſert d'épigraphe à tous les ouvrages *philoſo-politiques & conſtitutionnels* du factieux Mottié ſon auteur,

C'eſt d'après cette fameuſe maxime qu'il n'a ceſſé d'endoctriner de propos & d'exemple les différentes hordes plébéïennes qui formaient ſa toute, mais vacillante puiſſance.

C'eſt enfin d'après cette même maxime, qu'il a joué le rôle atroce dont il s'eſt ſi gracieuſement chargé dans la ſcène tragi-comique de la révolution , & dont il s'eſt toujours ſi bien acquitté, malgré la pénurie des moyens qu'on lui reproche aſſes généralement & à ſi juſte titre.

Chef ſuprême de vingt mille brigands armés, & eſcorté d'une artillerie formidable,

---

dépeindre que par ce vers du poëte Martial,

Sordidius nihil eſt, nihil eſt ſe ſpurcius ipſo.

un Mirabeau! l'homme le plus ſcélerat & le plus pervers, ou plutôt le monſtre le plus exécrable & le plus odieux qu'ait éclairé le ſoleil depuis ſa création. Nous trouvons dans Properce la ſeule inſcription qui puiſſe convenir aujourd'hui au monument deſtiné à renfermer ſa cendre.

Nunc caput eſt ſcelerun , quæ caput orbis erat.

il a eu la facrilège audace de tirer le premier l'épée contre fon Roi, après lui avoir
fait le ferment folemnel de lui être toujours
fidèle, de ne fe départir jamais de l'obéif-
fance qui lui eft due, de défendre & foutenir
fon autorité contre toute atteinte ; de lui
revéler tout ce qui parviendrait à fa con-
naiffance contre fa perfonne faerée ; ferment
qu'il a fait fpontanément enfuite à la tête de
l'armée parifienne en prenant pour texte de fa
harangue *fa fameufe maxime* : d'où il réfulte
qu'en fe déclarant du parti du roi, il devait
neceffairement être parjure envers l'armée
parifienne, & qu'en prenant au contraire le
parti de celle-ci, il y avoit la même né-
ceffité d'être parjure envers le Roi.

Magni fœpè viri mendacia magna loquuntur.

C'eft lui qui dans la nuit du cinq au fix
octobre a donné le confeil à fes maîtres de
fe coucher, feignant lui-même de donner cet
exemple, en les affurant qu'il ne fe pafferait
rien, & qu'il répondait de fa troupe, lorf-
qu'il eft de notoriété publique que bien loin
d'avoir pris aucune précaution pour la contenir, il avoit fouffert au contraire que
l'armée parifienne fe difperfât dans tous les
cabarets de Verfailles pour achever, par des

faturnales concertées, la défection du régiment de Flandres, qui était ourdie depuis son arrivée; mais qui était encore si douteuse, que la troupe soldée parisienne, quoique bien plus forte en nombre que ce régiment, n'avait nulle envie de se mesurer avec lui, ce qui l'engagea à ne partir de Paris qu'à cinq heures du soir.

C'est lui qui a laissé massacrer les Gardes-du-Corps, afin que, par ce sacrifice qui lui était si nécessaire „ il s'assurât du peuple en paraissant prendre son parti, & partager sa vengeance sur la prétendue orgie calomnieusement attribuée à ces infortunées victimes.

Ce qu'il y a de très vrai ; ce que bien de gens savent, & ce que beaucoup d'autres ont un très grand intérêt qu'on ne sache pas, c'est que les deux chefs de révolte (Philippe & Mottié) s'étant brouillés, le duc d'Orleans a voulu couvrir son projet de faire assassiner la reine, de celui suggeré au peuple contre les gardes du roi, afin de faire imputer le tout aux mauvaises dispositions du général Mottié, & que de son côté, lorsque celui-ci a su sa dette acquittée envers le peuple par le massacre des gardes-du-corps, & la reine échapée à ses meurtriers, il les a

arrêtés pour prouver que tout ce qui venait
de se passer n'était que le resultat infernal du
projet avorté du duc d'Orleans ; mais dans ce
dernier cas le sieur Mottié pouvoit-il savoir
le terme de la résistance des honorables victimes qui se font si courageusement sacrifiées
pour leur souverain ?

Pouvait-il savoir la durée préfixe du tems
qu'il faudrait aux assassins pour pénétrer
jusqu'au lit qui devait être ensanglanté par
le massacre de cette malheureuse princesse,
& lui servir de tombeau ? Un général qui,
dans une pareille circonstance, conseille à
ses maîtres de se coucher, en les assurant qu'il
répond de sa troupe, s'il n'est pas la premiere
sentinelle qui veille pour la sûreté de leurs
personnes, il doit nécessairement être auteur
ou complice des événemens qui peuvent ar-
river ; il en répond sur sa tête ; & dans le cas
où il paraîtrait le moindre indice de trahi-
son ou de perfidie, s'il ne demande pas à
être justifié & absous par un conseil de
guerre, il doit irrévocablement porter sa
tête sur un échaffaud.

C'est lui qui après l'horrible expédition
de Versailles, a été à main armée, s'em-
parer de la personne de ses souverains, qui

les

les a traînés ignominieufement prifonniers
à fa fuite au milieu d'une horde de brigands,
de meurtriers & d'affaffins, tumultueufement
entremêlés d'une autre horde de cruelles
bacchantes, d'horribles harpies ivres de vin,
de fang & de carnage, toutes hordes armées
de canon, de fufils, de piques, de poignards
& d'une infinité d'autres armes jufqu'alors
inconnues, pouffant tous des hurlemens &
des cris les plus effrayans : les têtes mutilées
des malheureux Gardes-du-Corps, élevées
au bout des piques, portées en triomphe par
leurs meurtriers à très-peu de diftance de
leurs maîtres, expirans de douleur.

C'eft dans cet ordre de marche que le général Mottié; chef de ces légions de cannibales, bouffi d'orgueil, de l'humiliation de
fes auguftes fouverains, n'a pas craint de
faire fon entrée triomphale dans Paris, portant fur fa tête coupable la couronne de
crimes treffée à l'envi par les mains impies
& facrilèges qui venaient de flétrir le dia-
dême facré de la royauté expirante.

Non poffum totâ non excandefcere bile.

C'eft lui qui retient ce malheureux monarque prifonnier dans fon palais, qui prend

plaisir à l'humilier, en abusant audacieuse-
ment de la puissance qu'il lui a usurpée à
main armée, qui le trompe journellement
par tous ses insidieux & perfides propos,
qui le ceint, qui le circonscrit, qui l'observe
dans la moindre de ses démarches, qui est
enfin...... je veux le dire, comme un point
de côté qui l'oppresse, qui le suffoque dans sa
douloureuse existence.

Odit, persequitur ; stimulat, premit impedit, angit.

C'est ce monstre qui fait crier vengeance
les manes plaintifs du stoïque & infortuné
Favras, pour le supplice duquel il s'est fait
l'écho de la fureur du peuple, en ne cessant
de crier *tolle*, lorsqu'il lui eût été facile de
contenir ce même peuple par la seule invo-
cation de la loi, puisqu'il est vrai qu'il était
désigné par elle, ainsi que par la force, pour
cette auguste fonction.

C'est lui qui a laissé dévaster l'hôtel de
Castries par une poignée de brigands salariés,
qu'il n'a cherché à dissiper qu'après le terme
marqué de ce saint œuvre d'insurrection.

Sumite nunc gentes accensis mentibus arma.

C'est lui qui a le plus perfidement coopéré
à la défection de l'armée, qui l'a encouragée

d'abord par le bon accueil qu'il a fait aux déferteurs, en leur promettant un prompt avancement, & en demandant enfuite, par une motion expreffe, à l'affemblée, dite nationale, une récompenfe pour les plus fidèles & vertueux foldats, c'eft-à-dire, pour les mêmes déferteurs qui forment l'élite de la phalange infurgente qu'il s'eft fait gloire de commander, mais toujours avec bien plus de crainte qu'il n'a le don d'en infpirer.

C'eft lui qui non content d'avoir ourdi la trame de la fcène horrible qui s'eft paffée au château des Tuilleries le 28 du mois de Février (1791), & que la plus légere imprudence, le moindre accidént imprévu auroient pu métamorphofer en de nouvelles barricades, en une feconde S. Barthelemi, & rendre enfin une des plus fanglantes de la révolution, a eu la criminelle audace de fufpecter, d'inculper même non-feulement la conduite de Meffieurs le Duc de Villequier & Marquis de Duras, premier Gentilshommes de la chambre du Roi, mais celle même de plufieurs maréchaux de France ou officiers généraux, de militaires, d'officiers de la maifon du Roi, de députés, de fédérés & d'une infinité de citoyens honnêtes, dont la dé-

marche, les fentimens étaient connus, &
qui ne s'étaient rendus au château que pour
concourir, avec la garde nationale, aux
yeux même de laquelle ils ont été atroce-
ment calomniés, à l'honneur de défendre
leur Roi, dont le danger imminent, celui de
la Reine & de la famille royale n'étaient que
trop connus de cette légion fubitement formée,
d'amis de leur Roi. Car, quel autre motif
aurait pu fi promptement occafionner un
raffemblement fi confidérable de diverfes perfonnes de tout âge, de différens grades & de
différentes conditions, dont le plus grand
nombre pouvaient certainement ne point fe
connaître, & ne s'étaient même jamais vus. (1)

(1) Si, comme le dit Platon, le comble de l'injuftice eft qu'une chofe injufte foit tenue pour jufte ; que
doit-on penfer d'une affemblée de Légiflateurs qui vont
commettre de fang-froid, & fans paraître s'en affecter,
le plus horrible des attentats contre le trône ? Que dire
d'un général qui, bien loin de s'y oppofer par la force,
affecte au contraire de criminalifer la conduite des perfonnes bien intentionnées, qui faifaient des démarches
pour défendre le trône ; comment fupporter celle de
cette meute enragée d'aboyeurs journaliftes qui n'ont
ceffé de vociférer dans leurs feuilles fallariées que le
raffemblement qui s'était fait alors dans le château des
Tuileries, & qui, comme nous l'avons déjà dit, était

C'eſt lui qui a eu l'audacieuſe témérité de dire dans ſon ordre à l'armée pariſienne, en date du premier mars, que d'après les ordres du Roi, il avait intimé aux chefs de la domeſticité du château qu'ils euſſent à prendre des meſures pour prévenir pareille indécence, lorſqu'il eſt de toute fauſſeté qu'il eût pris, ni pu prendre les ordres du Roi en cette occaſion.

C'eſt lui qui a eu l'impudence de faire violer au Roi ſes engagemens les plus ſacrés envers la nobleſſe, en livrant au pillage à ſes ſatellites, la plupart avides de ſang & de carnage, les armes qui avaient été dans la chambre à coucher du Roi, d'après le déſir qu'il en avait témoigné à ſa nobleſſe ; déſir qui étant regardé comme un ordre de ſa part, fut exécuté ſur le champ, chacun ayant

---

compoſé de tout ce qui ſe trouvait alors dans Paris de plus diſtingué, de plus honnête & de plus fortement attaché à ſon Roi, n'étoit qu'une horde de brigands qui devaient l'aſſaſſiner. ------ *Le ſage & prudent prudhomme* a pouſſé la prud'hommie juſqu'à faire deſſiner dans ſa feuille le modèle des poignards dont ils étaient armés & il a jugé, d'après ſon cœur, l'uſage qu'on en devait faire.

O miſeræ leges quæ talia crimina fertis.

E 3

attaché fon nom à l'arme qui lui apparte-
nait, afin de la reconnaître, Sa Majefté
ayant expreffément fait la promeffe de les
rendre.

Quel eft le gentilhomme qui pourrait ne
pas conferver dans fon cœur le defir de fe
venger des fuites d'un événement qui a fi fort
compromis fa vie & fon honneur, à moins
qu'un fentiment de pitié & de mépris ne lui
fît dire avec plus de raifon :

Frivola funt hæc, & rugofo digna cachinno.

Enfin c'eft encore lui qui avait concerté
l'arreftation du Roi à Varennes, & qui s'eft
fait un plaifir de faire entrer ce malheureux
Monarque une feconde fois dans Paris, en-
tourré d'une horde de fatellites, de factieux
& de rébelles armés de fufils, de piques &
de poignards, auxquels il avait donné ordre
de ne pas permettre à fes plus fidèles fujets
d'ôter leur chapeau à leur fouverain, ni de
lui témoigner leur fenfibilité fur les humi-
liations, fur la douleur & fur l'amertume
dont fon cœur était raffaffié.

Avec autant de fcélérateffe dans l'ame,
comment fe peut-il faire que l'ingrat, le
fourbe, le perfide Mottié ne paraiffe prefque
que jamais en public, & furtout devant le

peuple, fans avoir le rire fur la bouche, une hilarité radieufe fur la figure, de l'affabilité dans le gefte & dans la parole, une prévenance enfin dans fes falutations peut-être un peu trop affectée pour qu'elle ne paraiffe pas au moins un peu fuspecte ? C'eft ce que nous allons retracer en peu de mots.

Noɛte dieque potes alienum fumere vultum.

. . . . *ergò.*

Fronti nulla fides eft adhibenda tuæ.

Sous le dehors de la philantropie,
De défenfeur, d'ami de la patrie,
Examinons impartialement,
Les qualités, l'efprit & le talent;
Du paladin que chacun hiftorie,
Et que chacun, alternativement,
Met rez de terre, ou porte au firmament,
Sans favoir trop, ni pourquoi, ni comment;
On fait affez qu'il reçut en fa vie,
Mainte leçon d'un héros infurgent;
Mais ce qu'on fait plus pofitivement,
C'eft qu'il n'en a l'efprit, ni le génie.
En quatre mots; de ce petit agent,
Voici quelle eft la profonde magie,
Le talifman fur lequel il fe fie.
C'eft d'être ingrat, inhumain, intrigant,
Ambitieux, fourbe, vain, impudent;
Auffi pour lui, nature libérale,
Enveloppant fon cœur de cent replis,
Fait qu'on ne peut en percer le dédale;
Et que fouvent les plus fins y font pris.

NOTE VIIme.

Ce qu'est le monstre horrible, auteur de ces forfaits.

« On ne voit point le cœur des humains; pour
» juger des fentimens qui y dominent, on ne
» peut avoir d'autres regles que leurs actions. »
Mémoire à confulter, & confultation pour
M. Louis-Philippe-Joseph d'Orléans, page 68.

Cette maxime éternelle dans la bouche de
Philippe d'Orléans, me rappelle une fable
d'Efope ayant pour titre : *Margarita in fter-
quilinio*. Ce qui veut dire en bon français,
une perle dans du fumier. Je crois encore en-
tendre dans cette fable le coq, qui, tout étonné
de rencontrer un objet d'un fi grand prix
dans un lieu auffi fale, s'écrie : *Jaces indigno
quanta res, inquit, loco !*

Mais, puifque M. d'Orléans invoque cette
vérité éternelle pour inculper un magiftrat
intégre, qui n'a pu le trouver coupable que
d'après des faits articulés par une foule de
témoins irréculables, n'ayant peut-être pas
été le maître, il eft vrai, de fe fouftraire à
l'indignation qu'ont pu lui caufer l'évidence
& l'atrocité d'un fi grand crime ; nous allons,
guidés par cette même maxime, *juger des
fentimens qui dominent dans le cœur* de

M. d'Orléans d'après, *ses actions*, non en rap-
portant toutes celles qui l'ont défigné depuis
long-tems dans l'opinion publique ; cette tâche
difficile & défagréable à remplir, exigeant
une plume plus exercée que la nôtre ; mais
en expofant succintement & en maniere d'ap-
perçu, une partie de celles qui sont l'écho de
la chronique, & qui fe trouvent claffées dans
un grand nombre d'ouvrages, la plupart même fort antérieurs à l'époque de la révolution ; ce fera encore beaucoup pour nous qui
ne faisons rien moins que la profeffion
d'écrire.

» *Magnum iter afcendo, fed dat mihi gloria vires.* »

Ce n'eft furement point la faute de M. d'Orléans s'il eut pour père un cocher, & pour
mère la plus impudique & la plus proftituée
de toutes les femmes. « *Non peccat qui naf-*
» *citur, nihil enim operatur.* »

Ce n'eft point fa faute encore, fi, dans le
nombre des perfonnes fages & honnêtes qui
entouraient fon berceau, il s'en était gliffé
du choix & dans les principes de cette exécrable mère pour les lui faire fuccer avec
fon lait. Nous favons feulement, d'après
Horace, que les guerriers courageux doivent
le jour à de vaillans hommes ; qu'il y a dans

les taureaux & dans les courſiers généreux
une vigueur tranſmiſe avec le ſang dont ils
furent formés ; que l'aigle intrépide n'en-
gendre pas la timide colombe ; que l'éducation toutefois fertiliſe le germe des vertus ;
mais que ſi par malheur les mœurs viennent
à manquer, malgré la plus heureuſe naiſſance,
on déshonore ſon nom par des crimes.

« *Fortes creantur fortibus & bonis :*
» *Eſt in juvencis, eſt in equis patrum*
» *Virtutis ; nec imbellem feroces*
» *Progenerant aquilæ colombam.*
» *DOCTRINA ſed vim promovet inſiſtam ;*
» *Reĉtique cultus peĉtora roborant l*
» *Ut cumque defecere mores ,*
» *Dedecorant| bene nata culpæ.*

HOR.

D'après cette loi de nature , ſi bien dé-
crite par un des plus grands poëtes de l'antiquité , & à laquelle tout ce qui reſpice ici-bas
paraît n'être que trop ſoumis , préjugeons,
autant qu'il eſt en nous , ce que doit être un
jour le fruit impur d'un ſale adultere.

» Des maux qu'il accumule il ſe fait un fardeau
» Qui croit toujours depuis qu'il ſortit du berceau.

Il paſſe donc pour conſtant que Louis-
Philippe-Joſeph d'Orléans eſt né d'une meſ-
ſaline & de ſon cocher en 1747......mais

pourquoi donc de son cocher plutôt que de M****? ou de M***? Parce que la nature qui pour l'ordinaire ne fait pas de plus grands frais pour produire un cocher qu'un duc-et-pair, ou un mylord, s'étoit surpassée dans la conformation du cocher *Le-Franc*, qui avait bien plus l'air, le geste & le jeu d'un Hercule ou d'un Pigmalion que d'un ambassadeur, & qu'il n'est guere de femme organisée comme la mère de notre héros : qui ne se doute ou qui n'ait même une parfaite connaissance de cet apothegme d'Horace :

Illiterati nùm minus nervi rigent.

Ce qui veut dire que pour être ignorant en littérature, on n'en est pas moins propre au jeu d'amour. Bien loin de-là même, si nous en croyons le charmant Lafontaine, ce copiste fidèle & délicat de la simple nature.

: ; : : : : Un empereur auguste
A les vertus propres pour commander,
Un avocat fait les points décider ;
Au jeu d'amour le muletier fait rage.

On l'a su dans le tems que Philippe d'Orléans, élevé sous les yeux de son antipudibonde mère, balbutiait dans son berceau toutes ces sales expressions qu'on n'entend guere que dans les lieux consacrés à la débauche,

& que quand il lui arrivait d'avoir intelligi-
blement articulé ces mots infames , soudain
cette odieufe mère & quelques autres femmes
de fa trempe riaient à outrance , & applau-
diffaient ces paroles qu'elles admiraient comme des gentilleffes & des augures certains
d'un efprit prématuré.

» *Crudelis mater magis, an puer improbus ille?*
» *Improbus ille puer , crudelis tu quoque mater.*

VIRG.

Mais fi c'eft l'éducation ;
Comme a dit un de nos grands hommes , (Volt.)
Qui fixant notre opinion,
Nous fait être ce que nous fommes.
Par fon caquet fale & difert ,
Et fa précoce gentilleffe,
On fit bientôt de fon alteffe
Un digne émule de ververt.

Il n'eft perfonne qui ne connaiffe ce
fublime endroit de Voltaire dans fa deuxième
partie de fon poëme de la loi naturelle , fur
les premieres impreffions de l'enfance.

» . . . . L'enfant dans fon berceau
» N'eft point illuminé par ce divin flambeau ;
» C'eft l'éducation qui forme fes penfées,
» Par l'exemple d'autrui fes mœurs lui font tracées;
» Il n'a rien dans l'efprit, il n'a rien dans le cœur;
» De ce qui l'environne il n'eft qu'imitateur;

» Il répete les noms de devoir de juſtice ;
» Il agit en machine, & c'eſt par ſa nourrice ;
» Qu'il eſt Juif ou **Payen**, Fidèle ou Muſulman ;
» Vêtu d'un juſt-au-corps, ou bien d'un doliman, &c.

On doit bien mieux connaître encore dans ſa Tragédie immortelle l'aveu ſublime qu'il mêt dans la bouche de Zayre, ſur le même ſujet, acte 1er, ſcène 1ère.

» Je le vois trop, les ſoins qu'on prend de notre enfance ;
» Eorment nos ſentimens, nos mœurs, notre créance.
» J'euſſe été près du gange eſclave des faux Dieux,
» Chrétienne dans Paris, Muſulmane en ces lieux.
» *L'inſtruction fait tout*, & la main de nos pères
» Grave en nos faibles cœurs ces premiers caractères ;
» Que l'exemple & le temps nous viennent retracer,
» Et que peut-être en nous Dieu ſeul peut effacer.

On voit d'après ces ſublimes vérités, que, ſemblable au lierre, l'homme dès ſon berceau s'attache fortement à toutes les impreſſions qui lui ſont tranſmiſes pour ne s'en départir qu'à la mort.

Nous ne dirons rien de l'enfance de M. le Duc de Chartres, qui ſans doute eſt le ſeul temps de ſa vie où il n'ait point été coupable.

On ne ſaurait diſconvenir que dans le nombre des inſtituteurs de M. le Duc de Chartres il n'y ait eu des perſonnes d'un très-

grand mérite ; mais telle fut toujours la def-
tinée des Princes, c'est que dans l'aggréga-
tion des perfonnes commifes à leur éducation les vertus s'y trouvent toujours du parti
de la minorité, & que, comme l'a très-bien
dit l'ingénieux la Fontaine, elles ne font jamais fœurs tandis que les vices font toujours frères.

M. le Duc de Chartres électrifé de bonne-
heure par le fouvenir des propos qu'il avait
fucés avec fon lait, & dans lequel on ne
doute pas qu'il ne fe fut fortifié avec l'âge,
arrive enfin à l'époque où la nature dévelop-
pant le germe des défirs ne manque jamais
de nous infpirer celui d'en faire l'analyfe :
on a affez connu dans le temps ceux des fidèles inftituteurs qui fe font le plus fignalés
dans ces élaborations didactiques : de forte
que le cœur de S. A. S. attaqué fans ceffe
par les paffions les plus vives fans pouvoir
leur oppofer aucune vertu , ne voit plus
d'obftacles qui l'empêchent de s'y livrer avec
fureur.

Ici, M. le Duc de Chartres peut dire, *nunc
fcio quid fit amor.* Le voilà enfin parvenu
à faire fes premiers agapes d'amour. Déjà il
peut juger entre la brune & la blonde ;

heureux encore si ce jugement n'eut été acquis qu'aux dépens de sa fortune.

» *Principium dulce est sed finis amoris amarus :*
» *Læta venire venus, tristis arbire solet.*   Ovid.

Dans le nombre des premières maîtresses de M. le Duc de Chartres il eût une femme de vingt-six ans, de laquelle il fut passionnément aimé : il en survint un enfant qui fut porté aux enfans trouvés, malgré la résistance & les larmes de la mère. La sordide avarice, la crapuleuse bassesse de ce père dénaturé lui firent brusquement abandonner la mère du premier fruit de ses amours, sans avoir rempli aucun des engagemens qu'il avait contractés avec elle, & sans lui avoir fait d'autre présent que celui de la maladie invétérée dont il était déjà gangrené, ce qui fit bientôt périr de chagrin & de misère cette malheureuse femme dont on assure, comme nous l'avons déjà dit, qu'il était tendrement & fidèlement aimé.

On rapporte que Philippe, Roi de Macédoine, à qui l'on ne pouvoit refuser ni de très-grandes qualités, ni le titre de grand & de vaillant héros, était dans l'abominable habitude de s'enivrer à ses repas, & que c'était dans de pareilles circonstances qu'il

attentait jufqu'à la vie même de fes meil-
leurs amis.

» *Rex Macedum, quondam proles generofa Philippi;*
» *Ebrius in mensà (ut fama eft) perdebat amicos.*

Paling.

Ici Philipe d'Orléans fe trouve dans une
très-grande affinité de nom & de caractère
avec le père d'Alexandre le Grand, la chronique fcandaleufe taxe le héros d'Oueffant
d'avoir poignardé dans l'ivreffe plufieurs de
fes concubines ; d'avoir plus d'une fois tiré
fur fes propres ferviteurs, & nommément
fur un de fes piqueurs en chaffant dans la
plaine S.-Denis.

» Obfcur, on l'eut flétri d'une mort légitime ;
» Il eft puiffant ; les lois ont ignoré fon crime.

Perfonne n'ignore le genre de mort de
M. le Prince de Lamballe, fils de M. le Duc
de Penthièvre, & conféquemment fon héri-
tier préfomptif ; ce prince infortuné élevé
fous les yeux du plus refpeétable & du plus
vertueux des pères, annonçant par lui-même
teutes les qualités précoces du cœur & de
l'efprit, ne fut pas plutôt devenu le beau-
frère de M. le Duc de Chartres, que ce dernier
conçoit l'exécrable deffein de faire périr cet
innocent & malheureux beau-frère, & lui

ravir

ravir, par sa mort, un héritage d'autant
plus immense, que M. le Duc de Penthievre
a toujours passé pour être le plus riche des
princes. Cet infame Procruste se lie d'abord
d'une étroite amitié le prince de Lamballe;

Corrumpunt etiam sanctos, commercia prava.

Paling.

Il l'associe à toutes ses lupercales; il lui
procure les créatures les plus prostituées de
Paris, & il lui inspire en même tems le désir
effréné des liqueurs les plus brûlantes, en
l'excitant à en boire avec fureur. Le prince
de Lamballe dont le tempérament n'était
point encore formé, ne soutint pas long-
tems ce genre de vie, il se trouva tout-à-coup
gangrené dans toutes ses parties, & dans le
cas de subir une opération aussi cruelle & aussi
douloureuse qu'elle était deshonorante, & à
laquelle il ne survécut que peu de jours : ici
ma plume se refuse de raconter toutes les
horreurs & toutes les infamies que la scélé-
ratesse de ce nouveau Sardanapale lui firent
imaginer pour accélérer & assurer l'époque
du trépas du malheureux prince de Lamballe.
Corbinelli, dans ses historiens, réduits en
maximes, nous apprend que l'ambition rend
rarement méchant à demi.

F

Pour ne pas fatiguer plus long-temps l'attention de nos lecteurs par une si exécrable Philippique , nous allons divaguer par des récits d'un autre genre , & qui pour être moins tragiques n'en feront pas moins révoltans.

M. le Duc de Chartres ayant eu envie d'une paire de boucles à pierres , faites dans le dernier goût , envoye chercher son bijoutier , choisit un modèle , & convient du prix qui était de 24 mille livres.

Le bijoutier prend sur-le-champ des engagemens avec un riche lapidaire , établit les boucles en peu de temps & les porte au Duc de Chartres : d'abord il les trouve assez belles , mais par réflexion l'ouvrage est lourd , mal exécuté , & les boucles enfin sont rebutées malgré les justes réclamations de l'ouvrier qui , désespéré de se voir dans l'impossibilité de remplir les engagemens qu'il avait contractés pour l'assortiment des pierres , retourne , d'après les conseils de sa femme , chez M. le Duc de Chartres il lui peint les larmes aux yeux & la douleur dans l'ame sa cruelle situation & sa ruine prochaine ; son Altesse Sérénissime pour donner une grande preuve de sa sensibilité consent à prendre les boucles sous le rabais de six mille livres.

» *Tange mifer venas & pone in pectore dextram.*

Perf.

Voilà donc M. le Duc de Chartres qui toujours heureux dans ses spéculations devient possesseur des boucles. S'en étant paré un jour de cérémonie, elles font l'admiration d'une Abassadeur qui, après en avoir fait les plus grands éloges paraît en avoir envie. M. le Duc de Chartres reconnu toujours en pareil cas pour être honnête, généreux & complaisant comme un Prince, en fait l'offre à son Excellence pour le prix coutant de *24 mille livres.* Les boucles font acceptées.

Un jour de représentation ; M. l'Ambassadeur veut s'en parer à son tour, les boucles blessent les pieds de son excellence, qui fait demander sur-le-champ à M. le Duc de Chartres le nom & la demeure de l'ouvrier. Celui-ci sans penser aux suites qui pourraient résulter d'une telle aventure, désigne le nom & l'adresse du bijoutier : son Excellence s'y transporte elle-même, & au pre-

F 2

mier aspect des boucles ce malheureux ouvrier pousse un profond soupir, en disant
voilà des boucles qui me coutent bien cher.....
Je voudrais bien ne les avoir jamais entre-
prises..... Son Excellence étonnée de l'a-
poftrophe fit quelques queftions & fut éclaircie
à fond fur cette affaire ; elle engagea l'ouvrier
à retourner auprès de S. A. S. ne doutant
pas qu'elle ne lui rendit les 6000 liv. qui lui
revenaient avec autant de juftice. Le malheureux ouvrier vit renaître l'efpérance dans
fon cœur affligé ; mais elle fut bientôt dif-
fipée par le mauvais acceuil que lui fit S. A. S.
qui fut devenu bien plus férieux encore fi
ce malheureux n'avait pris le parti de fe re-
tirer, la rage dans le cœur, il eft vrai ; mais
en rendant l'anecdote publique, en diffamant
S. A. S. fans ménagement, & en juftifiant
de plus en plus fa fordide avarice dans l'o-
pinion publique ce n'était point le chatouiller
dans un endroit bien fenfible, car tout le
monde a fu, dans le temps qu'il tracaffait
les différens propriétaires des hôtels attenans
le Palais - Royal, la réponfe qu'il fit à
Madame la Ducheffe de Chartres , fon
époufe , qui lui difoit avec cette douceur
& cette onction qui lui font fi naturel-

les » « Que dira - t - on de votre Altesse
« si elle persiste dans ses projets sur ses
» nouveaux bâtimens du Palais - Royal,
» en attaquant les propriétés de tant de per-
» sonnes » ? . . . . Je m'en f. . . . . répondit
le Duc d'Orléans avec énergie, un écu dans
ma poche vaut mieux pour moi que toute
l'estime publique.

On ne sait que trop combien sa conduite
a été conforme dans tous les temps à cette
façon de penser, dont l'aveu lui coûte si peu à
faire, & que, ne s'étant signalé que par des
bassesses, des escroqueries, des tours de gi-
becière dans lesquels il a été endoctriné par
les plus infames escamoteurs de Paris, il a
voulu enfin tracer lui-même la ligne de dé-
marcation qui sépare l'homme mal famé dans
quelque classe qu'il puisse être, d'avec le Citoyen honnête & vertueux, & c'est ici sur-
tout où j'invite mon lecteur à bien méditer
la maxime invoquée par M. le Duc de Chartres lui-même que, *pour juger des sentimens
qui dominent dans le cœur des humains,
on ne peut avoir d'autre régle que leurs actions.*

Pendant le rigoureux hiver de 1788 à
1789, M. le Duc d'Orléans avait ordonné

au Curé de S.-Euftache de faire de grandes charités dans la Paroiffe, & de lui en apporter enfuite le mémoire auquel il ferait honneur.

   » Et jamais le méchant n'eft plus à redouter,
   » Que quand il fait le bien ou paroît s'y prêter.

Le Curé de S. - Euftache s'acquitta avec fidélité des ordres qu'il avait reçus du Duc d'Orléans, il alla enfuite en porter le bordereau au Prince, qui, voyant la fomme de 40,000 l. additionée au bas du mémoire, entra dans une fi grande colère, que ce ne fût qu'après deux heures de blafphêmes & d'imprécations qu'il confentit à envoyer cent louis; de forte que la fabrique, aidée des fecours des fidèles paroiffiens, acquita cette dette facrée. C'eft néanmoins d'après un tel acte de bienfaifance qui a été fi exalté dans le temps, que ce Prince généreux & fenfible a capté le fuffrage d'un peuple dont il était fouvérainement méprifé avant cette époque.

C'eft au lecteur à méditer fur les motifs d'une telle charité, préparée & combinée de longue-main, & de la comparer à la procédure du Châtelet fur les forfaits du 5 & 6 Octobre.

» *Omnia vitia in aperto leviora funt ; & tunc*
» *Perniciofiffima cum fimulata fanitate fubfidunt.*

Tous les vices qui paraissent à découvert
font bien moins dangéreux que ceux qui font
cachés fous une feinte réformation.

Séneq. Ep. 55.

D'après le précis des faits que nous venons
d'articuler fur l'exiftence morale & phyfi-
que de Phillippe d'Orléans, trop accrédités
fans doute dans l'opinion publique pour qu'on
puiffe les révoquer en doute, nous laiffons
à tout être penfant le foin d'examiner la
conduite du député de Crépy dans le rôle
intereffant & peu commun qu'il a joué tant
avant la révolution que depuis l'époque du
5 & 6 Octobre 1789. Ayant pour confeil-
lers intimes, comme perfonne ne l'ignore,
le grand Mirabeau, un Laclos, un d'Oraifon, un Abbé Sieyes, un Latouche, les Lameth, un Barnave, un Noailles, un Me-
nou, un Liancourt, un d'Aiguillon, & une
infinité d'autres que nous verrons bientôt
figurer à côté de lui fur la roue.

On fait que la Reine fut depuis long-temps
l'objet de fa rage & de fa fureur, au feul afpect

de cette Princesse, on le voit subitement tomber
en hydrophobie, & l'on craint si fort les
suites de cette terrible maladie, que bien
des personnes, qui n'ont jamais varié dans la
fidélité de leur amour pour leurs augustes
Souverains, ne sauraient voir sans une très-
grande inquiétude, son opiniâtreté à rester
à Paris, où il ne peut se dissimuler qu'il ne
soit en exécration, dans un temps où l'im-
piété & le crime qu'il encouragea toujours
par son exemple, marchent plus que jamais
tête levée, & réduisent les loix au silence
jusques dans la bouche même de nos sublimes
Législateurs ; mais s'il inspire de la crainte
il doit sentir lui-même qu'il ne saurait en
être exempt.

» *Necesse est multos timeat, quem multi timent.*

E. Grec

Et qui ne peut se faire aimer,
Voudroit toujours se faire craindre.

» *Grande & conspicuum nostro quoque tempore monstrum.*

Juvén.

Au génie immortel d'Homère,
A l'esprit divin de Voltaire,
J'ajouterais l'art sans égal

D'imiter, même jufqu'à plaire,
Horace, Perfe, Juvenal,
Et leur imitateur févère, (*Boileau.*)
Que j'efquifferais encor mal
Le portrait que je cherche à faire,
Et qui, pour fi bien que j'opère,
Sera toujours fort en arrière,
De fon hideux original.
Un grand, un prince, un général,
Fameux par maint combat naval,
Et prôné par certain vulgaire,
Envers lequel il fut n'aguère
Honnête, doux & libéral :
Lui, qui par un efprit contraire,
Sordide, avare, déloyal,
Etait plus anti-populaire,
Et plus farouche & plus brutal,
Que ne fut jadis le cheval
Qu'étrillait fon illuftre père :
Ce monftrueux homme-animal,
A mouftache & rouffe crinière,
A l'œil d'un Therfite odieux,
Et d'un regard patibulaire,
A triple langue de Cerbère,
Au hâle infect & veneneux
Souillant jufqu'à fon atmofphère,
Au front que rendent fcandaleux
Maint & maint purulent ulcère.
Au cœur baffement crapuleux,
Lâche, vilain, ambitieux,
L'être enfin le plus vicieux,

Qui foit au monde fublunaire,
Fruit impur d'un fale adultère,
Fut par fon impudique mère,
Chiéné dans un antre infernal,
Qu'on nomme le Palais-Royal,
Et de brigands fameux repaire.
Maudit foit à jamais le flanc,
Qui, porta par incontinence ;
L'exécration de la France,
Ce monftre que je mets au rang
Des tigres altérés de fang,
Tient fon féroce caractère,
D'un autre monftre fanguinaire ;
L'opprobre de tous fes ayeux,
Et par un crime fi fameux,
Que fa mort en fut le falaire.
Tu ne feras pas plus heureux,
Sardanapale audacieux,
Toi, qui par un femblable crime,
Avais choifi pour ta victime,
Ce Roi bon, jufte & vertueux ;
Qui captivait les tendres vœux,
L'amour & l'encens légitime,
Du peuple même qui l'opprime :
Peuple, que tu rends furieux,
Et que tu plonges dans l'abîme,
Par tes complots infidieux,
Toi, par tes feuls vices infigne ;
Mais qui périras fous l'effort
Des Princes qu'arme pour ta mort,
Un courroux dont tu n'es pas digne.